KAIST SCIENCE 001
미래를 달리는 로봇

KAIST SCIENCE 001

미래를 달리는 로봇

초판 1쇄 펴낸 날 2019년 4월 12일
초판 2쇄 펴낸 날 2019년 9월 16일

지은이   박종원·이성혜

펴낸이   백종민
주 간   정인회
편 집   최새미나·박보영·이혜진
외서기획 강형은
디자인   김미정
마케팅   김정미·박진용
관 리   장희정·임수정

펴낸곳   주식회사 꿈결
등 록   2016년 1월 21일(제2016-000015호)
주 소   서울시 영등포구 당산로 50길 3 꿈을담는빌딩 6층
대표전화 1544-6533
팩 스   02) 749-4151
홈페이지 dreamybook.co.kr
이메일   ggumgyeol@naver.com
블로그   blog.naver.com/ggumgyeol
트위터   twitter.com/ggumgyeol
페이스북 facebook.com/ggumgyeol
에듀카페 cafe.naver.com/ggumgyeoledu

ⓒ 박종원·이성혜, 2019

ISBN 979-11-88260-69-0 03500

이 도서의 국립중앙도서관 출판예정도서목록(CIP)은 서지정보유통지원시스템 홈페이지(http://seoji.nl.go.kr)와
국가자료공동목록시스템(http://www.nl.go.kr/kolisnet)에서 이용하실 수 있습니다.(CIP제어번호: CIP2019008808)

이 책은 저작권법에 따라 보호받는 저작물이므로,
저작자와 출판사 양측의 허락 없이는 일부 혹은 전체를 인용하거나 옮겨 실을 수 없습니다.

책값은 뒤표지에 있습니다.
주식회사 꿈결은 (주)꿈을담는틀의 자매회사입니다.

KAIST SCIENCE

미래를 달리는 로봇

박종원·이성혜 지음

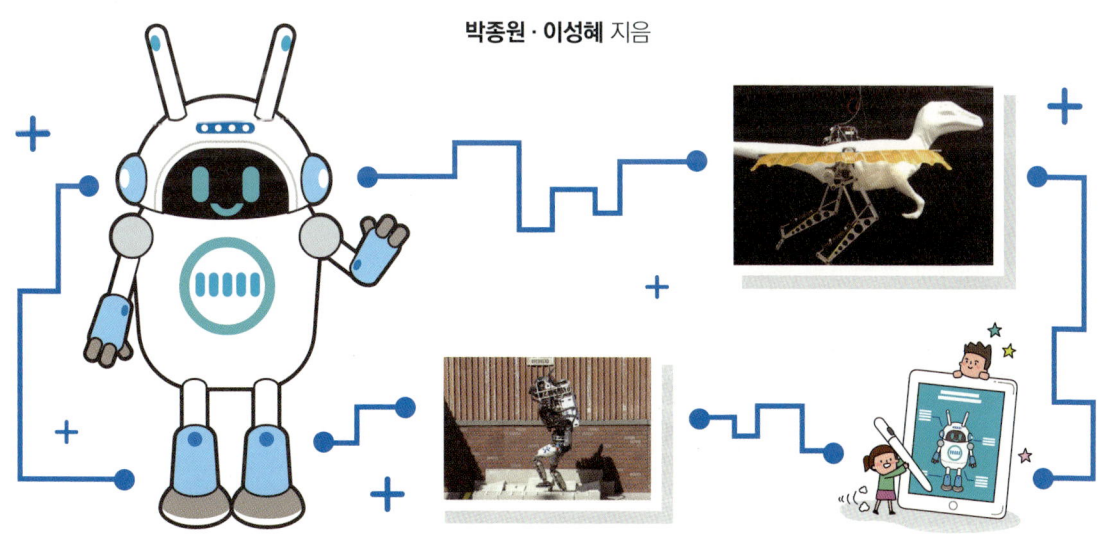

들어가는 글

2014년 KAIST 기계공학과 MSC 연구실Mechatronics, Systems, and Control Laboratory 의 연구팀은 세상에서 가장 빠른 로봇을 개발하여 국제적인 관심을 받았습니다. 이 로봇의 이름은 랩터Raptor로, 빠르게 달려 먹잇감을 사냥했던 육식공룡 벨로키랍토르Velociraptor를 모방하여 만든 로봇입니다.

이후 랩터 개발을 이끌었던 박종원 박사는 KAIST 과학영재교육연구원에서 '세상에서 가장 빠른 로봇'이라는 주제로 초·중·고등학생 대상 강연을 했습니다. 학생들에게 랩터의 개발 과정을 소개하면서 빨리 달리는 로봇을 만들 때 경험했던 다양한 시도와 시행착오, 그 과정에서 겪은 좌절과 극복 방법을 생생히 들려주었지요. 이 강연은 학생들에게 매우 인기가 높았습니다. 특히 학생들은 빨리 달리는 동물의 신체 구조를 모방하기 위해 서울대공원에서 여러 동물을 해부했던 이야기에 많은 관심을 보이며 놀라워했습니다. 이처럼 박종원 박사의 강연은 로봇 개발 과정을 공학적인 면뿐만 아니라 생물학, 수학, 소프트웨어 등 다양한 측면으로 접근하며 흥미롭게 전달했고, 학생들이 로봇공학을 새로운 관점에서 볼 수 있게 해 주었습니다. KAIST 과학영재교육연구원은 더 많은 학생들에게 박종원 박사의 강의를 전달하기 위해 온라인교육 콘텐츠로 개발하여 전국의 학생들에게 제공하고 있습니다. 그리고 이 책《미래를 달리는 로봇》은 KAIST 과학영재교육연구원의 온라인교육 과정talented.kaist.ac.kr을 바탕으로 만들어졌습니다.

이 책은 랩터를 개발할 때 실제로 적용했던 방법을 바탕으로 '로봇의 움직임'과 관련된 여러 측면을 소개하고 있습니다. 특히 실제 우리 생활에 필요한 로봇은 무엇이며, 그 로봇을 만들기 위해 어떤 구성 요소가 필요한지, 자신이 가진 다양한 지식과 아이디어를 로봇에 어떻게 적용할 수 있는지 등 중요한 질문을 제시하며 학생들이 로봇 개발의 모든 과정을 스스로 깊이 생각해 볼 수 있도록 했습니다.

청소 로봇, 수술 로봇, 안내 로봇 등 로봇은 이미 우리 곁에 훌쩍 다가왔습니다. 머지 않아 인간과 로봇은 친구처럼 감정을 교류할지도 모릅니다. 한편 이렇게 로봇 기술이 빠르게 발전하면서 로봇공학자를 꿈꾸는 학생도 점점 많아지고 있습니다. 하지만 정작 로봇과 관련된 다양한 분야를 이해하고 관심을 가지는 학생은 드뭅니다. 로봇공학자를 꿈꾸는 학생들이 이 책을 통해 로봇 분야에 대한 관심을 넓히고 자신의 꿈을 구체적으로 설계할 수 있길 바랍니다. 또 지금부터 우리 주변에서 로봇의 도움이 필요한 상황이 무엇인지, 그 로봇에는 어떤 기술과 아이디어가 필요할지 끊임없이 생각해 볼 수 있길 바랍니다.

끝으로 이 책이 나오기까지 기획 및 집필의 전 과정에 도움을 준 박혜진 연구원과 KAIST의 설우진, 전영준, 조훈, 김기환, 장원태, 변병창 학생, 그리고 KAIST 과학영재교육연구원 구성원에게 감사를 전합니다.

모든 저자를 대표하여 KAIST **이성혜**

차례

들어가는 글　4

01 달리는 로봇, 그것이 궁금하다!

로봇은 무엇일까?	11
로봇의 등장부터 발전까지	14
로봇에는 참 많은 종류가 있어!	18
아이언맨 같은 로봇은 언제 나올까?	29
재난 현장에는 사람보다 로봇이 필요해	32
이제는 달리는 로봇!	35

02 로봇은 어떤 구조로 이루어질까?

생김새가 달라도 구성 요소는 똑같아	47
사람처럼 다양한 구성 요소로 이루어진 로봇	48
로봇의 뼈, 링크	50
로봇의 관절, 조인트	53
로봇의 근육, 액추에이터	60
로봇의 감각, 센서	66
로봇의 두뇌, 제어기	71
로봇도 움직이려면 밥이 필요해	74

03 달릴 때 필요한 강력한 다리의 힘!

왜 갯벌에서는 걷기 힘든 걸까?	87
물체를 던지면 왜 아래로 떨어질까?	89
변하지 않는 질량, 언제든 변할 수 있는 무게	90
무게는 달리기에 어떤 영향을 줄까?	91
힘은 달리기에 가장 중요한 요소!	93
세게 찰수록 더 빠르게 앞으로!	96
운동을 방해하는 힘, 마찰력	100

04 달리기의 수학

- 로봇의 움직임을 예측해 주는 수학적 모델링　113
- 거꾸로 뒤집어 놓은 시계추 같은 역진자 모델　117
- 휴머노이드 개발은 정확한 모델링부터　123

05 달리는 동물의 비밀

- 자연과 로봇이 만나다　135
- 도마뱀처럼 벽을 오르는 로봇이 있다고?　137
- 빠르게 달리는 타조의 비밀　140
- 네 발로 걸을 땐 어떤 점이 다를까?　142
- 왜 네 발로 달리는 동물이 더 빠를까?　145
- 로봇, 타조와 치타를 닮다　151

06 재난에도 끄떡없는 로봇

- 재난 대응 로봇이라면 이 정도는 필수!　165
- 다르파 로보틱스 챌린지에 참여한 로봇의 특징　168
- 재난 대응 로봇, 누가 누가 잘하나　173
- 카이스트 휴보의 성공　176
- 보행 로봇은 어디까지 개발되었을까?　180
- 왜 시뮬레이션을 해야 할까?　184

01

달리는 로봇, 그것이 궁금하다!

과학에서 중요한 것은 새로운 사실을 얻는 것보다
새로운 사실을 생각해 내는 법을 찾는 것이다.

노벨물리학상 수상자, 윌리엄 브래그 William Bragg

로봇은 우리에게 굉장히 친숙한 존재입니다. 〈아이언맨〉 같은 영화뿐만 아니라 장난감 로봇, 로봇 청소기 등 생활 속에서 로봇을 쉽게 접하고 있기 때문입니다. 로봇 기술은 미래 생활에 가장 많은 변화를 가져올 분야로 손꼽히는데요. 우리는 과연 로봇에 대해서 얼마나 알고 있을까요?

로봇은 무엇일까?

로봇이란 어떠한 일을 스스로 판단하여 자동으로 수행하는 기계를 뜻합니다. 집안 구석구석을 혼자 돌아다니는 청소기나 공장에서 스스로 자동차를 조립하는 기계를 로봇이라고 하지요.

그렇다면 자동으로 일을 수행하는 풍차도 로봇이라고 할 수 있을까요? 아마 풍차가 로봇이라는 의견에는 동의하기 힘들 것입니다. 풍차는 자동으로 일하긴 하지만 그 일을 스스로 판단하고 제어하는 제어 알고리즘, 즉 소프트웨어가 없기 때문입니다. 따라서 풍차는 로봇이라 할 수 없습니다.

로봇은 큰 틀에서 볼 때 작동해서 일을 수행하는 '하드웨어'와 하드웨어가 움직일 수 있도록 환경을 인식하고 스스로 판단·제어하는 '소프트웨어'를 갖추어야 합니다.

만약 이 두 가지 중 하나만 있다면 로봇이라 할 수 없어요. 예를 들어,

소프트웨어 없이 하드웨어만 있는 자전거는 로봇이 아닙니다. 또 주위 환경과 직접 상호작용할 수 있는 하드웨어가 없는 구글, 네이버와 같은 검색엔진도 로봇이라고 할 수 없습니다.

그렇다면 커피머신은 로봇일까요? 커피머신은 로봇이라면 꼭 있어야 할 두 가지 요소인 하드웨어와 소프트웨어를 모두 갖추고 있기 때문에 로봇이라고 할 수 있습니다.

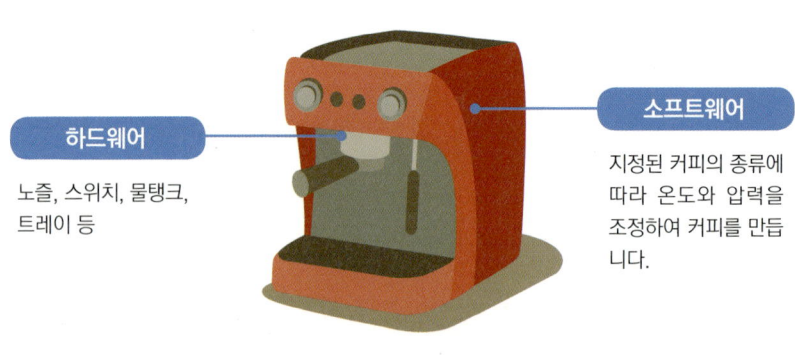

하드웨어
노즐, 스위치, 물탱크, 트레이 등

소프트웨어
지정된 커피의 종류에 따라 온도와 압력을 조정하여 커피를 만듭니다.

커피머신이 로봇인 이유

쇼 미 더 로봇

기가지니는 로봇일까요?

"지니야~" 하고 불러서 질문하면 날씨를 알려 주고, 텔레비전을 켜 주고, 음악도 틀어 주는 '기가지니'를 아시나요? 이렇게 명령을 참 잘 수행하는 기가지니는 과연 로봇일까요, 아닐까요?

기가지니는 영상까지 출력하는 진화된 인공지능 기기입니다. 높이가 30cm에 가까운 제법 큰 원뿔형 기기로, 와이파이뿐만 아니라 블루투스 연결도 지원하지요.

인공지능 홈 매니저, 기가지니

음성을 통해 명령을 내리고 대화하는 점은 다른 AI 스피커들과 같습니다. 단 각종 출력 단자와 포트, 마이크로 SD 슬롯까지 갖추었다는 것이 다른 AI 스피커와는 다른 점입니다. 한마디로 AI 스피커뿐만 아니라 셋톱박스 set-top box 기능까지 갖춘 스마트 기기인 셈이지요.

스피커는 사운드 튜닝 기술이 적용되어 자연스럽고 섬세한 사운드를 제공하며, 음성 인식뿐만 아니라 리모컨 기능도 합니다. 예를 들어, 리모컨 없이 기가지니에게 "지니야, TV 볼륨을 높여 줘"라고 명령하면 알아듣고 볼륨을 높여 주는 기능입니다. 기가지니에는 스마트 홈 기능도 있습니다. 기가 IoT 사물인터넷 를 통해 도어록이나 가스 밸브, 공기 청정기, 플러그 등 다양한 기기를 제어하는 기능이지요. 또 기가지니는 올레 tv와 지니 뮤직과도 연동됩니다.

이처럼 기가지니는 원뿔형 디자인, 와이파이, 블루투스 장치, 각종 출력 단자와 포트, 마이크로 SD 슬롯에 이르는 하드웨어를 갖추고 있습니다. 또 음성 인식, 사운드 튜닝, 스마트 홈 기능 등의 소프트웨어도 탑재하고 있지요. 따라서 기가지니는 하드웨어와 소프트웨어를 동시에 가지고 있는 로봇이라 할 수 있습니다.

01 달리는 로봇, 그것이 궁금하다!

로봇의 등장부터 발전까지

로봇robot은 강제노동자라는 뜻으로 노동, 노예라는 뜻을 지닌 체코어 'robota'에서 유래했습니다. 이 로봇이라는 말을 처음 만든 사람은 체코슬로바키아의 극작가 카렐 차페크Karel Capek입니다. 그가 자신의 희곡 〈로섬의 인조인간Rossum's Universal Robot〉(1920)에서 최초로 사용한 이후에 보편화되었지요.

로봇은 산업혁명이 일어난 18~19세기, 프랑스의 기술자 자크 드 보캉송Jacques de Vaucanson이 자동악기[1]와 자동인형 등 여러 가지 극장용 자동화 기계들을 만든 것을 시초로 그 역사가 시작되었습니다.

이후 1940년대 후반부터 단순하지만 지능을 가지고 움직이는 로봇들이 생겨나기 시작했는데요. 1948년에는 신경생리학자이자 발명가인 윌리엄 그레이 월터William Grey Walter에 의해 최초로 빛에 반응하고 빛을 따라다니는 '거북 로봇'이 개발되었습니다. 최초의 지능형 로봇이라고 할 수 있지요. 거북 로봇은 여러 가지 센서를 통해 주변 상황을 인지하여 오류나 불필요한 작업 시간을 줄였습니다. 적외선 센서로 라인을 구분해 움직이는 라인트레이서Line Tracer나 초음파 센서와 적외선 센서로 벽을 감지해 미로를 빠져나가는 마이크로마우스Micromouse도 거북 로봇과 비슷한 형태의 지능형 로봇이라 할 수 있습니다.

지능형 로봇은 점점 더 발전했고, 마침내 최초의 로봇 제조 회사인 유니메이션 Unimation 이 등장했습니다. 유니메이션은 최초의 산업용 로봇인 유니메이트 Unimate 를 개발했는데요. 이로써 로봇이 제조업에서 본격적으로 이용됩니다.

   지금까지 수많은 연구를 통해 휴머노이드 humanoid [2] 로봇인 다윈 Darwin, 휴보 Hubo 가 개발되었고, 이에 필요한 기술인 인공지능, 사물인터넷 IoT [3], 빅데이터 [4] 등이 4차 산업의 주요 핵심 분야로 떠오르고 있습니다. 또 로봇 산업은 이제 컴퓨터뿐만 아니라 군사학, 심리학, 생물학까지 많은 학문 분야와 밀접하게 연관되어 발전하고 있습니다.

---

1 자동악기
오르골처럼 연주자가 필요하지 않은 악기.

2 휴머노이드
팔다리, 몸통, 머리로 이루어져 사람과 비슷하게 생긴 로봇. 사람의 생활환경에서 사람과 비슷하게 행동할 수 있는 등 여러 장점이 있다.

3 사물인터넷
Internet of Things의 약자. 센서가 부착된 사물들이 네트워크로 연결되어 실시간으로 데이터를 주고받는 기술이나 환경을 일컫는다.

4 빅데이터
디지털 환경에서 생성되는 방대한 데이터. 생성 주기가 짧고, 수치뿐만 아니라 문자와 영상도 포함한다.

● 로봇의 역사

연도	역사
1920	'로봇 robot'이라는 단어의 탄생
1946	최초의 컴퓨터 에니악 Eniac 출현
1948	MIT 대학 노버트 위너 교수, 사이버네틱스 생물과 기계 사이의 연결 가능성 개념 정립 및 인공지능의 가능성 소개
1954	조지 데볼이 기계를 제어하기 위한 다목적 기록 재생 장치 특허권 획득 후 로봇도 하나의 특허로 인정
1956	최초의 로봇 회사 유니메이션 Unimation 설립
1969	스탠퍼드 연구소에서 최초의 모바일 지능형 로봇 셰이키 Shakey 개발
1969	스탠퍼드 대학교에서 로봇 팔 개발

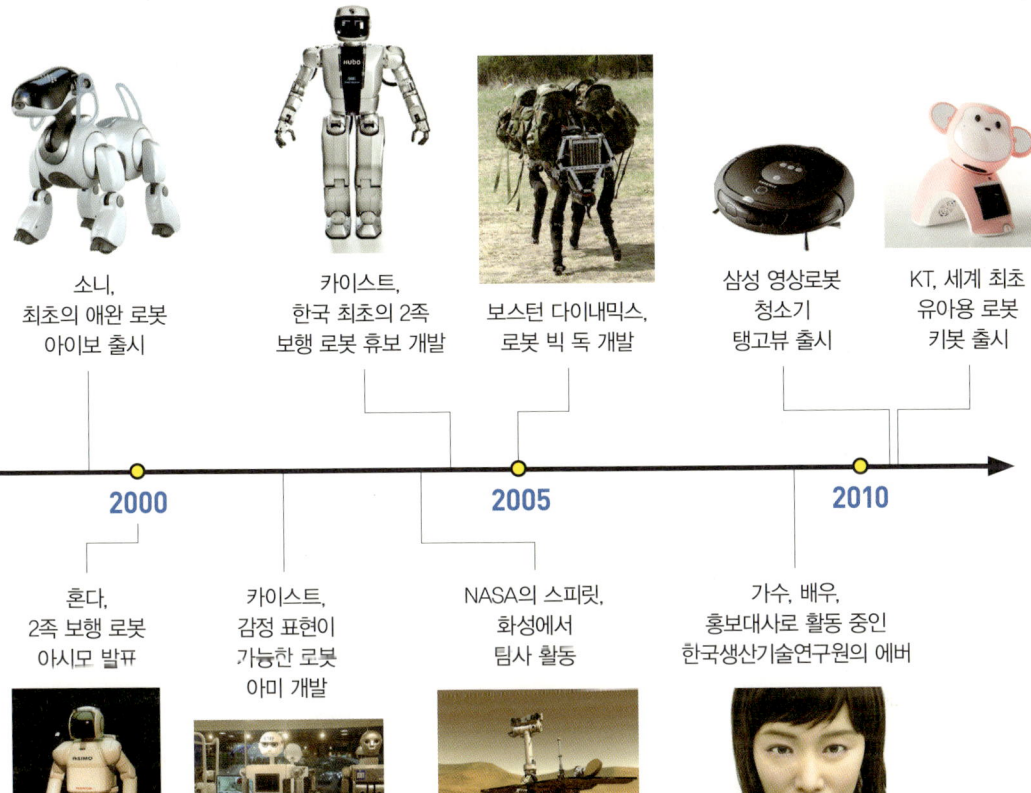

소니,
최초의 애완 로봇
아이보 출시

카이스트,
한국 최초의 2족
보행 로봇 휴보 개발

보스턴 다이내믹스,
로봇 빅 독 개발

삼성 영상로봇
청소기
탱고뷰 출시

KT, 세계 최초
유아용 로봇
키봇 출시

2000   2005   2010

혼다,
2족 보행 로봇
아시모 발표

카이스트,
감정 표현이
가능한 로봇
아미 개발

NASA의 스피릿,
화성에서
팀사 활동

가수, 배우,
홍보대사로 활동 중인
한국생산기술연구원의 에버

*사진의 출처는 맨 뒷장에 표기했습니다.

연도	역사
1981	카네기 멜런 대학교에서 직접 구동 로봇 전기모터를 이용한 로봇 개발
1994	카네기 멜런 대학교의 로보틱스 인스티튜트 Robotics Institute 에서 화산을 탐험하며 화산재를 채집하는 단테II Dante II 개발. 재난 로봇의 시초
1997	NASA 화성 탐사 로봇 소저너 Sojourner 가 화성의 이미지 송신
2000	혼다에서 2족 보행 로봇 아시모 개발
2004	카이스트에서 2족 보행 로봇 휴보 개발
2015	카이스트의 DRC-HUBO 팀, 다르파 로보틱스 챌린지 세계 재난 로봇 경진 대회 우승
2016	알파고 AlphaGo, 이세돌 9단과의 바둑 대결에서 승

로봇에는 참 많은 종류가 있어!

　심리 치료를 위한 애완 로봇, 하늘을 나는 드론, 실제 새와 같은 모습을 하고 있는 생체 모방형 드론 등 우리 주위에는 많은 로봇이 있습니다. 이렇게 다양한 로봇들은 각각의 특징과 만든 목적에 따라 분류할 수 있는데요. 그러면 로봇을 어떻게 구분하고, 또 로봇에는 어떤 종류가 있는지 자세히 알아볼까요?

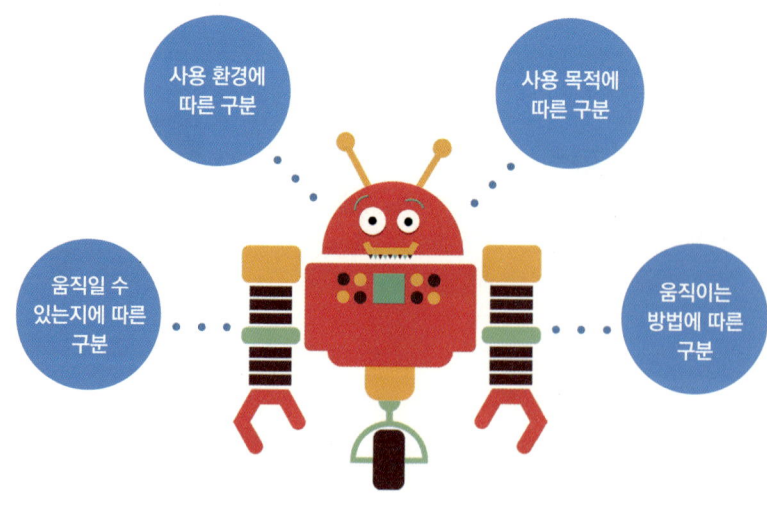

로봇의 구분

움직이는 로봇과 움직이지 않는 로봇

로봇은 한곳에 고정되어 있는지 혹은 이동하는지에 따라 구분할 수 있습니다. 스스로 움직일 수 있는지에 따라 생물을 동물 혹은 식물로 구분하는 것처럼 로봇도 스스로 움직일 수 있는지를 기준으로 구분하는 겁니다.

식물처럼 고정된 위치에 있으며 다른 곳으로 이동이 불가능한 로봇을 '매니퓰레이터 manipulator'라고 합니다. 한번 설치되면 그 위치의 작업 반경 내에서만 일을 수행할 수 있지요. 고정되어 있기 때문에 무거운 물체를 들어 올릴 수 있고, 진동이 적어 정밀하게 움직일 수 있는 것이 특징입니다. 또 유지 보수가 간단하고 에너지 공급도 수월합니다. 그래서 스마트폰이나 자동차 같은 물건을 대량생산하는 현장에서 주로 활용됩니다.

반면 동물처럼 위치를 옮겨 다니는 로봇은 '모바일 로봇 mobile robot'이라고 합니다. 모바일 로봇은 위치를 변경할 수 있어 작업 영역이 매우 넓습니다. 그래서 다양한 환경에서 활용할 수 있지요. 집 내부 청소 로봇, 하늘을 나는 드론, 군사용 폭발물 제거 로봇이 모두 모바일 로봇입니다. 특히 가정용으로 개발된 최초의 청소 로봇 룸바 Roomba는 집 내부 구조를 지도로 작성하고 각 구역을 나누어 청소하며 배터리도 스스로 충전하여 많은 사람들에게 사랑을 받았습니다.

고정 로봇인 매니퓰레이터 쿠카(위)와 이동 로봇인 모바일 로봇 룸바(아래)

ⓒ flickr_Karlis Dambrans(아래)

물과 하늘에서도 로봇이 작동한다고?

로봇은 활용되는 환경에 따라 크게 수중 로봇, 공중 로봇, 지상 로봇으로 구분할 수 있습니다. 말 그대로 수중 로봇은 물에서 작동하고, 공중 로봇은 하늘에서 작동하며, 지상 로봇은 땅에서 작동하는 로봇이지요. 먼저 수중 로봇과 공중 로봇에 대해 좀 더 자세히 살펴볼까요?

● 수중 로봇

수중 로봇은 물속에서 작동할 수 있게 고안된 로봇입니다. 이 수중 로봇은 몇 가지 특징이 있는데요. 수중의 수압을 견디기 위해 모든 부품이 방수 처리되어 있으며, 물속에서 데이터를 전송할 수 있도록 수중 센서를 사용한다는 것입니다. 또 물속에서 움직이기 위해 밸러스트 탱크 ballast tank [5]와 프로펠러도 장착되어 있습니다.

스탠퍼드 대학교에서 개발한 로봇 오션원 OceanOne 이 바로 대표적인 수중 로봇입니다. 키는 약 150cm이며 사람과 같은 두 눈과 두 팔을 가졌지요. 오션원은 고고학자와 함께 바닷속의 난파선을 발굴하는 등 다양한 프로젝트에 참여하고 있습니다.

> **5 밸러스트 탱크**
> 배의 균형을 잡기 위해 배 아래쪽에 놓는 물탱크.

바닷속을 탐사 중인 수중 로봇, 오션원

ⓒ flickr_Euromobile Ukraine

● **공중 로봇**

하늘을 비행하는 로봇으로, 드론처럼 날개를 회전하는 로봇부터 새처럼 날갯짓을 하는 로봇이 모두 공중 로봇입니다. 공중 로봇은 적은 에너지로도 오랜 시간 빠르게 날 수 있도록 최대한 가볍게 만듭니다.

날갯짓을 하는 로봇의 대표적인 예로 나노허밍버드Nano Hummingbird를 들 수 있습니다. 새의 모습을 본뜬 생체 모방형 로봇이지요. 에어로바이런먼트Aerovironment 사에서 개발한 이 벌새 로봇은 길이 160mm, 무게 19g의 소형 비행 로봇으로 시속 18km로 비행할 수 있으며, 주로 정찰 및 정보 수집에 활용됩니다.

공중 로봇, 나노허밍버드

배달부터 탐사까지, 무궁무진한 지상 로봇

 지상 로봇은 지표면이나 건물 위, 지하 등에서 움직이는 로봇으로 지상에서 사용할 용도로 개발되어 왔습니다.

 미국 국방 로봇 전문업체 인데버 로보틱스Endeavor Robotics 사에서 개발한 지상 로봇 팩봇Packbot은 사람이 직접 하기 힘든 위험한 임무를 대신 처리하기 위해 개발되었습니다. 각종 탐지 센서를 탑재하여 계단, 좁은 통로를 쉽게 이동하며 폭발물 해체나 감시 정찰, 화학 가스 탐지 등에 활용되고 있지요.

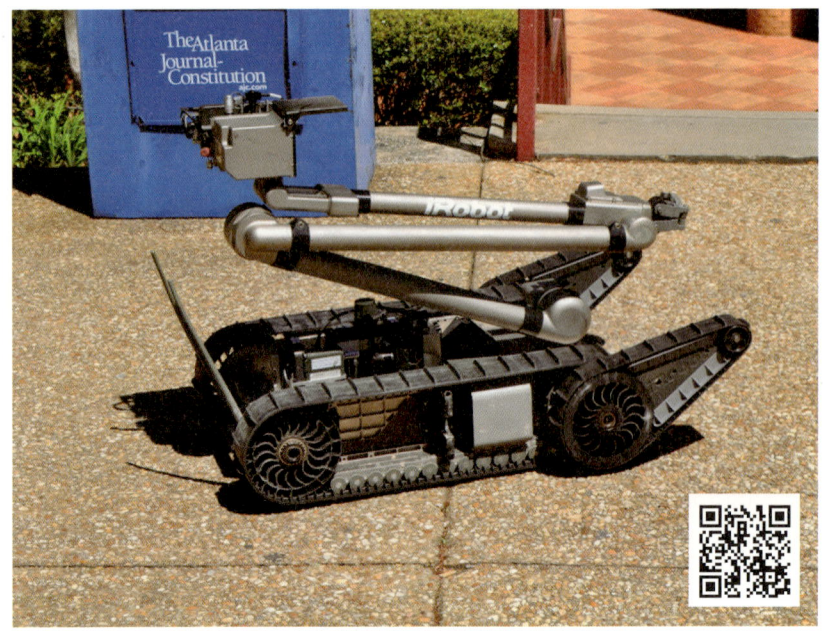

사람이 하기 힘든 임무를 수행하기 위해 개발된 팩봇

ⓒ flickr_College of Computing at Georgia Tech

　지상 로봇은 지상의 환경에 따라 이동 방식이 달라집니다. 이동하는 방식이 다르니 자연히 로봇의 형태와 제작 방식도 달라지지요. 그렇다면 지상 로봇은 이동 형태에 따라 어떻게 구분할 수 있을까요?

● **평지 주행형 로봇**
　평지는 지상 로봇이 가장 이동하기 쉬운 지형입니다. 도로, 바닥, 체육관, 운동장 등이 대표적인 평지인데, 지형이 복잡하지 않고 이동하기가

수월하여 로봇 개발이 쉽고 에너지 효율이 높다는 장점이 있지요. 한편 평지 주행형 로봇은 평지에서 주행하도록 개발된 로봇이어서 계단이나 문턱 등 굴곡진 지역에서는 이동하기가 어렵습니다. 무인 자동차나 잔디 깎는 로봇 등이 바로 평지 주행형으로 개발된 로봇입니다.

도미노 피자 호주 지사에서는 세계 최초로 피자 배달 로봇 드루Dru를 개발했습니다. 도로나 인도와 같은 평지를 이동하며 피자를 배달하는 평지 주행형 로봇이지요. 바퀴를 사용하여 움직이며, 조향장치6나 충격을 완화하는 완충장치가 없는 단순한 구조로 개발되었습니다.

> **6 조향장치**
> 조작하는 사람이 원하는 대로 진행 방향을 바꾸기 위해 앞바퀴 회전축 방향을 조절하는 장치.

평지를 이동하는 피자 배달 로봇, 드루

ⓒ flickr_Mobil Yaşam

● 험지 주행형 로봇

지구상의 표면이 모두 평지이면 좋겠지만 대부분은 울퉁불퉁한 험지[7]입니다. 이러한 험지를 효과적으로 이동하기 위해서는 로봇의 구동 방식이 달라져야 하며 조향장치, 현가장치[8] 등 특별한 기능이 더 필요합니다.

화성 탐사 로봇인 오퍼튜니티 Opportunity 는 험지 주행용으로 개발된 대표적인 로봇입니다. 울퉁불퉁한 험지를 주행해야 하기 때문에 평지 주행형 로봇에 비해 상대적으로 바퀴가 크고, 라커-보기 Rocker-bogie [9] 형태의 현가장치를 장착했지요. 이렇게 험지 특화형으로 만들어진 덕분에 화성에서 모래 언덕, 바위 등을 넘나들며 15년간이나 탐사 활동을 펼칠 수 있었습니다.

7 험지
표면이 균일하지 않고 울퉁불퉁 험난한 지면. 족형 로봇이 이동하기 어려운 환경을 이야기할 때 험지라는 단어를 주로 사용한다.

8 현가장치
길바닥의 진동이 직접 본체에 닿지 않도록 하는 완충장치.

9 라커-보기
자동차가 달릴 때 길바닥의 충격이 차체나 탑승자에게 전해지지 않도록 충격을 흡수하는 장치인 서스펜션의 한 종류. 스프링 없이 높은 장애물을 안정적으로 오를 수 있다.

화성의 험지를 주행하는 오퍼튜니티

● 족형 로봇

로봇에게는 힘지보다 더 어려운 지형이 존재합니다. 바로 우리가 쉽게 오르내리는 계단, 두 팔과 두 다리를 모두 사용해야만 이동할 수 있는 사다리, 담장, 도랑과 같이 완만하게 이어지지 않고 중간중간에 수직으로 끊어져 있는 지형입니다.

이러한 불연속적 지형은 로봇이 이동하기에 매우 어렵기 때문에 바퀴가 아닌 특별한 장치가 필요합니다. 우리가 매일 이동 수단으로 활용하고 있는 다리처럼 말입니다. 다리는 많은 생물이 사용하는 구동·이동 방식입니다. 평지나 힘지뿐 아니라 불연속적인 지형에서도 쉽게 이동할 수 있지요. 따라서 다양한 종류의 다리를 사용하는 로봇, 즉 족형 로봇이 활발하게 개발되고 있습니다.

족형 로봇은 평탄한 지형부터 울퉁불퉁한 지형까지 두루 이동이 가능해서 바퀴나 무한궤도[10]를 단 로봇에 비해 활용성이 높습니다. 특히 곤충이나 포유류의 움직임과 제어 방식에서 영감을 받아 설계하는 경우가 많기 때문에 우리에게 친숙한 형태를 띠고 있습니다. 이러한 족형 로봇 중 사람과 유사한 형태의 로봇을 휴머노이드라고 합니다.

10 무한궤도
차바퀴의 둘레에 강판으로 만든 벨트를 걸어 놓은 장치. 지면과의 접촉면이 커서 험한 길이나 비탈길에서도 이동이 가능하다. 탱크, 장갑차, 불도저 등에 이용되며 캐터필러라고도 한다.

족형 로봇인 렉스(위)와 LS3(아래)

아이언맨 같은 로봇은 언제 나올까?

애니메이션이나 영화에 등장하는 로봇은 대부분 다리를 이용해서 움직이며 사람에게 친숙한 모습을 띠고 있습니다. 〈리얼 스틸〉의 권투 로봇 아톰, 〈빅 히어로〉의 베이맥스가 휴머노이드에 해당하지요. 〈인터스텔라〉의 타스는 휴머노이드가 아닌 독특한 형태의 족형 로봇입니다.

영화 〈아이언맨〉의 로봇도 유명하지요. 영화 속에서 천재 발명가 토니 스타크는 자신이 직접 만든 최첨단 로봇 슈트를 입고 아이언맨이 됩니다. 그렇다면 아이언맨 같은 로봇은 언제쯤 나올 수 있을까요? 우리나라에서 개발한 로봇 중 최초로 두 발로 걸을 수 있는 로봇인 휴보도 아직 걸음 속도가 다소 느리고 울퉁불퉁한 곳에서는 중심을 잃는 모습을 보입니다. 사람과 똑같이 두 다리로 걷는데 왜 사람과 다르게 불안정한 모습을 보일까요? 그 이유는 사람의 감각과 관련이 있습니다.

사람은 다섯 가지 감각으로 상황을 판단하고 정보를 처리합니다. 한편 로봇은 센서를 통해 정보를 받아들입니다. 로봇의 각 부분에 장착된 센서들은 수십 가지의 정보를 1초에 수백, 수천 번 수집해요. 하지만 이 센서들이 정보를 처리하는 능력은 아직 사람에 비해 많이 부족합니다.

로봇이 다리를 앞뒤로 움직이면 무게중심 및 평형상태를 유지하는 힘의 크기 등 외부 정보가 계속 바뀝니다. 사람은 수많은 감각기관과 뇌를 복합적으로 활용해 본능적으로 행동을 제어하지만, 이는 사람보다 적은 센서를 가진 로봇에게 쉽지 않은 일이지요. 또 정보 인식과 처리, 명령 과정에 순서가 있기 때문에 로봇은 순발력이 없습니다. 게다가 사람 관절의 5분의 1 수준인 40여 개의 관절만을 이용하기 때문에 자칫하면 균형을 잃고 넘어질 가능성이 큽니다.

다음은 휴머노이드에 들어가는 대표적인 센서들입니다.

휴머노이드에 들어가는 대표적인 센서

로봇의 머리와 허리, 손·발목, 관절에 위치한 이 센서들은 각각 사람의 눈 시각, 거리 측정, 귀 균형, 근육 힘 조절 을 대신합니다. 눈앞에 장애물이 있는지, 몸이 한쪽으로 기울어져 있는지, 힘의 크기와 관절의 굴절 각도는 어느 정도인지를 측정하는 것입니다. 여기에 모터의 상태와 전력, 전압을 측정하는 센서들이 곳곳에 장착되어 있어서 로봇 스스로 자신의 상태를 파악할 수 있습니다. 중증 환자의 몸에 의료 장비를 달아 실시간으로 상태를 확인하는 것과 비슷합니다. 이처럼 센서는 휴머노이드에 숨을 불어넣는 역할을 합니다. 센서가 없는 휴머노이드는 고철 덩어리일 뿐이지요.

휴머노이드의 센서는 아직 사람의 수많은 감각 세포를 대신하기에 역부족입니다. 인체 구석구석에 퍼져 있는 감각 세포를 센서로 구현하여 세밀한 정보를 파악하는 일이 앞으로 연구해야 할 과제 중 하나입니다.

〈빅 히어로〉의 베이맥스(위), 〈리얼 스틸〉의 아톰(왼쪽 아래), 〈인터스텔라〉의 타스(오른쪽 아래)는
모두 족형 로봇입니다.

ⓒ flickr_emrahozcan(위) / flickr_Loren Javier(왼쪽 아래) / flickr_Rames Harikrishnasamy(오른쪽 아래)

재난 현장에는 사람보다 로봇이 필요해

사람은 할 수 없지만 로봇이 할 수 있는 일에는 어떤 것이 있을까요? 대표적으로 정밀하게 물건을 움직이거나 지루한 작업을 반복해서 수행하는 일이 있습니다. 사람은 체력 혹은 집중력 저하로 오랫동안 하기 힘들지만, 로봇은 하루 종일 할 수 있지요.

이러한 장점을 가진 로봇이 가장 많이 필요한 곳은 재난 발생 장소입니다. 지진, 쓰나미 등 자연재해나 원전 사고가 일어났을 때 사람의 힘만으로 처리하기는 어렵기 때문이에요. 우리나라의 경우 산에서 종종 조난 상황이 발생하는데요. 이때 사람을 구조하기 위해 로봇이 필요한 이유는 다음과 같습니다.

- 산은 가파른 험지로 구성되어 있어 구조대가 이동하기 어렵다.
- 훈련받은 구조대라도 각종 장비를 짊어지고 이동해야 하기에 구조하는 데 시간이 많이 걸린다.
- 산악 지형은 길이 좁아 일반적인 사륜 구동 차량이 접근하기 힘들다.
- 나무나 바위 때문에 헬리콥터나 드론을 활용하기도 어렵다.
- 산속은 기온차가 심하여 위험하므로 조난당한 사람을 빨리 구조해야 한다.

2011년, 일본 후쿠시마에서 대규모의 지진이 일어나 초대형 쓰나미가

후쿠시마 제1원자력발전소를 덮쳤습니다. 이로 인해 원전에 전원 공급이 중단되면서 원자로를 식혀 주는 냉각 장치가 작동을 멈췄고, 내부의 온도를 식히지 못해 결국 수소가 폭발했지요. 이 사고로 원전의 방사성 물질이 유출되면서 사람이 직접 재난 현장에 접근하여 복구 작업을 수행하는 것이 매우 어려웠습니다. 로봇을 투입하려고도 했지만 울퉁불퉁한 지형, 높은 방사선, 고온 고압의 환경 때문에 그마저도 힘들었습니다. 기존에 많은 로봇 연구가 이루어졌으나 재난 현장에서 직접 활용하기에는 부족했던 것입니다.

미국 국방고등연구사업국 DARPA 은 이러한 재난 현장에 사람 대신 로봇을 투입하여 피해를 최소화하고자 세계 재난 로봇 경진 대회, 즉 다르파 로보틱스 챌린지 DARPA Robotics Challenge 를 개최했습니다. 이 대회는 원전 사고에서 해결해야 할 상황을 총 8개의 도전 과제로 제시하고 이를 로봇이 연속해서 얼마나 잘 수행하는지 가리는 대회로, 모든 과제는 1시간 내에 마쳐야 합니다. 2013년 예선을 거쳐 2015년에 결선 대회가 열렸으며, 참가한 로봇들은 모두 인공지능 및 원격 제어 기능을 갖추었습니다.

대회에서 로봇에게 주어진 도전 과제는 스스로 차량에 탑승하여 재난 지역까지 운전하기, 차에서 내려서 문까지 걸어가기, 문을 열고 안으로 들어가기, 고장 난 밸브 잠그기, 드릴을 이용해서 벽에 구멍 내기, 돌발 과제, 장애물을 치우고 지나가기, 계단 오르기로 구성되었습니다. 대회에는 세계적으로 우수한 로봇 연구 기관들이 참여했으며, 결선에서 한국의 카이스트 휴보 팀이 최종 우승을 했습니다.

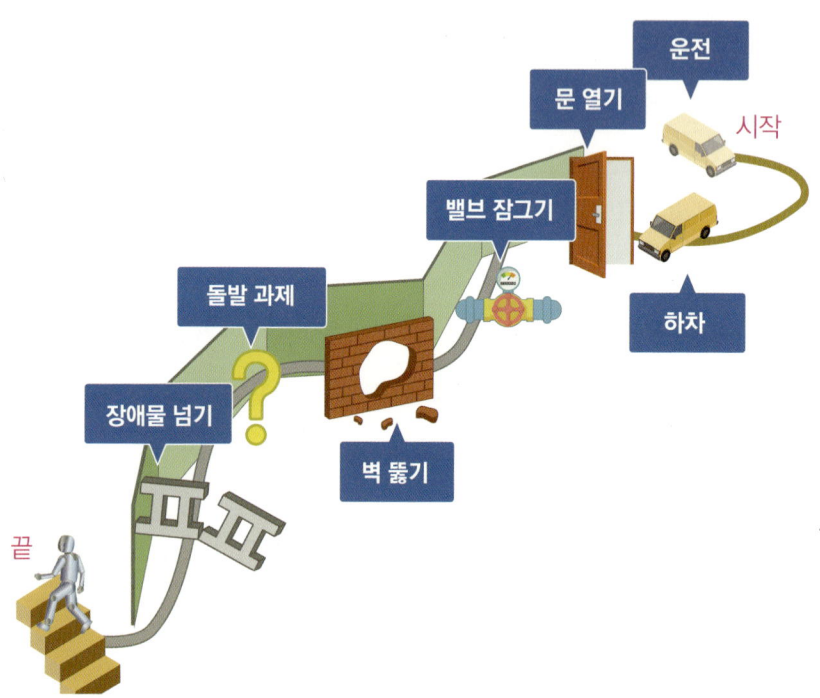

다르파 로보틱스 챌린지 도전 과제

이제는 달리는 로봇!

다르파 로보틱스 챌린지에서 가장 큰 주목을 받은 분야는 로봇의 이동 방법이었습니다. 대회에 참가한 로봇들은 각각의 특성에 맞춰 다양한 방식으로 이동했습니다. 하지만 제대로 걷지 못하고 쓰러지는 로봇이 많았는데요. 이는 족형 로봇의 걷기 기술이 아직까지 완벽하지 못함을 보여주었습니다.

지금까지의 족형 로봇은 제어 알고리즘, 구동기, 에너지 등의 한계에 부딪혀 영화 속 로봇처럼 빠르게 이동하지 못합니다. 한편 로봇공학자들

다르파 로보틱스 챌린지에서 균형을 잡지 못하고 넘어지는 로봇

은 이러한 기술의 한계를 극복하기 위해 상대적으로 높은 수준의 '달리는 로봇'을 개발한다면 그동안 족형 로봇이 왜 안정적으로 걷지 못했는지 이해하면서 기술 수준도 향상시킬 수 있을 것이라는 결론에 이르렀습니다.

달리는 로봇은 빠르게 이동하는 족형 로봇입니다. 달리면서 균형을 유지하고, 불연속적인 지형에서도 이동이 가능한 로봇이지요. 이 로봇은 민첩하게 이동할 수 있기 때문에 재난 사고 현장에서 사람을 찾아 구출하거나 전쟁 상황에서 적진으로 돌진하는 역할을 수행할 수 있습니다. 뿐만 아니라 달이나 화성과 같은 행성에서 신속한 탐사도 가능합니다.

지금까지 여러 로봇 연구 기관에서 2족과 4족의 달리는 로봇들을 개발했습니다. 이제 대표적인 달리는 로봇들에 대해 살펴보겠습니다.

● 달리는 2족 로봇

두 다리로 균형을 잡으며 빠르게 달리는 로봇입니다. 미국 플로리다 인간기계인지연구소 IHMC 에서 개발한 플라나 일립티컬 러너 Planar Elliptical Runner 와 카이스트의 랩터 Raptor 가 대표적이지요.

랩터는 공룡 벨로키랍토르 Velociraptor 에서 영감을 받아 카이스트에서 개발한 로봇으로 키 50cm, 무게 3kg의 작은 체구이지만 최대 시속 46km까지 달릴 수 있습니다. 또 빠르게 달리는 와중에도 꼬리를 사용해 장애물을 뛰어넘으며 균형을 유지할 수 있습니다.

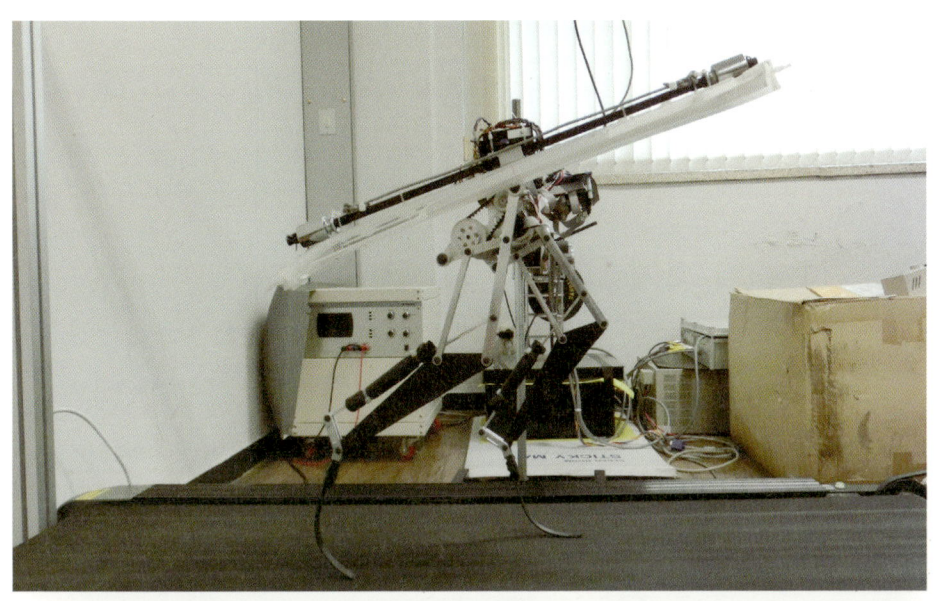

카이스트에서 연구 개발 중인 달리는 족형 로봇 랩터

● 달리는 4족 로봇

개나 고양이처럼 네 개의 다리로 균형을 잡으면서 빠르게 뛰는 로봇으로, 보스턴 다이내믹스사에서 개발한 와일드 캣과 매사추세츠 공과대학MIT에서 개발한 치타 로봇이 있습니다.

MIT에서 개발한 치타 로봇은 치타를 모방해 만든 로봇입니다. 강력한 모터와 치타의 길고 가벼운 다리 모양을 본뜬 설계 덕분에 빠르게 달릴 수 있고 점프도 가능합니다. 치타 로봇은 머리에 장착한 레이저 센서로 전면의 장애물을 인식하고, 시속 8.6km까지 달릴 수 있으며, 40cm의 장애물을 뛰어넘을 수도 있습니다.

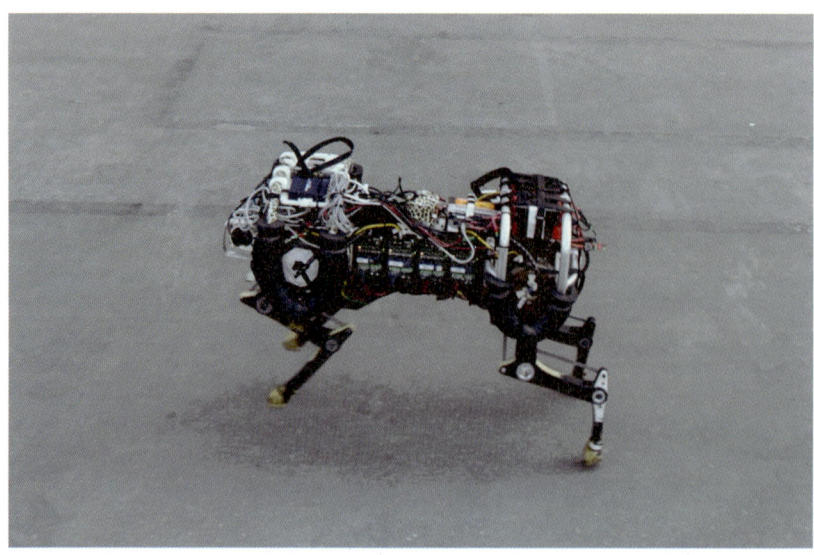

MIT에서 개발한 달리는 4족 로봇, 치타

생각 더하기

인류의 진정한 친구가 되어 가는 로봇

노인 인구가 늘어나는 고령 사회에 접어들면서 로봇 산업은 더욱 활발해질 전망입니다. 단순히 사람의 일을 대신하는 것이 아니라 사람의 친구이자 삶의 동반자로서 로봇의 역할이 더욱 확대된다는 의미입니다.

프랑스의 일간지 《르 피가로 LE FIGARO》는 알데바란 로보틱스 Aldebaran robotics 사에서 개발한 휴머노이드 '로미오 Romeo'가 미래 고령 인구의 '진정한 친구'로서 일상생활을 함께하게 될 것이라고 소개했습니다.

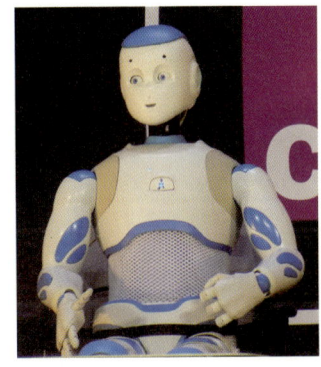

▲사람과 친구가 될 수 있는 로봇, 로미오

로미오는 신장 140cm, 무게 40kg의 로봇으로 걷기, 계단 오르내리기, 문 열고 테이블 위에 물건 놓기, 짧은 대화하기, 인터넷을 통해 필요한 정보 수집하기 등이 가능합니다. 부분적으로 테스트된 것이지만 말하는 사람의 목소리를 감지해 행동할 수도 있지요. 또 이 모든 활동을 수행하기 위해 탄소섬유와 고무섬유로 제작되었습니다.

Q1 앞으로 어떤 상황에서 로봇이 필요할까요? 자유롭게 상상해 봅시다.

Q2 상상한 상황에서 로봇이 사용되기 위해 어떤 기능들이 있어야 할지 생각해 봅시다.

세상에서 가장 빠른 로봇을 만든 **로봇 박사 이야기**

"기계는 참 신기해!"

로봇을 보며 감탄하던 어린 시절부터 연구원이 되기까지

박종원 박사는 아이언맨을 꿈꾸는 로봇 연구자입니다. 카이스트 기계공학과에서 박사 학위를 받은 후, 한국원자력연구원 로봇 연구실에서 로봇 개발에 매진하고 있지요. 그는 2014년에 세계에서 가장 빠른 로봇 랩터를 개발했고, 2017년에는 핵연료 점검 로봇을 개발해 IAEA 로보틱스 챌린지에서 우승했습니다. 지금은 원자력 사고 상황에서 사람을 구조하고 재난에 대응할 수 있는 로봇을 개발 중입니다. 또 호기심 팩토리, 과학톡 등의 프로그램에서 과학커뮤니케이터로서 과학을 쉽게 소개하는 다양한 활동을 하고 있으며, 과학 소통 프로그램인 슬램D 대회에서 우승하기도 했습니다.

박종원 박사는 어릴 때부터 공사장에서 움직이는 중장비를 보며 감탄했습니다. 수만 개의 부품이 조화를 이루며 웅장하게 움직이는 모습을 통해 기계의 아름다움에 빠진 것이지요. 그는 특히 공장의 발전기나 자동차 보닛 bonnet, 자동차 엔진이 있는 앞부분 덮개의 내부, 경운기를 접할 때면 어떤 사람이 이런 멋진 기계를 설계하고 만들었는지 놀라워했습니다.

하지만 그때는 기계에 대해 체계적으로 설명해 주는 자료도, 사람도 없어 막연하게 동경만 했습니다. 그러던 중 초등학생 때 아버지께서 생일 선물로 책상에 올려 두신 《도구와 기계의 원리》라는 책을 읽게 되었습니다. 책은 손톱깎이부터 당시 가장 혁신적 시스템이었던 우주왕복선까지 과학의 핵심 원리를 쉽고 흥미롭게 설명하고 있었지요. 덕분에 그는 기계나 로봇을 만드는 사람이 되고 싶다는 꿈을 품게 되었습니다.

그 이후 박종원 박사는 중·고등학교를 거쳐 대학교와 대학원을 졸업할 때까지 큰 고민 없이 기계와 로봇과 관련한 진로를 선택했습니다. 지금은 연구원에서 기계와 로봇, 특히 세상에서 가장 빠른 로봇을 연구하고 있습니다. 초등학생 시절 꿈을 이룬 셈입니다.

*로봇 박사 이야기는 2장으로 이어집니다!

개념 쏙쏙! 중요 용어 한눈에 보기

공중 로봇 하늘에서 움직이는 로봇입니다. 날개나 프로펠러를 이용하여 새처럼 자유롭게 하늘을 날 수 있으며, 넓은 지역을 빠르게 이동할 수 있지요. 대표적인 공중 로봇으로는 드론이 있습니다.

로봇 스스로 판단하고 작동하는 기계를 말합니다. 로봇은 판단을 하는 소프트웨어와 직접 일을 하는 하드웨어로 구성되어 있어요. 예를 들어 하늘을 나는 로봇인 드론은 자세와 고도를 유지하는 소프트웨어인 제어장치와 하드웨어인 동체, 그리고 프로펠러로 구성되어 있습니다.

매니퓰레이터 한곳에 고정되어 사람의 팔처럼 움직이는 로봇을 말합니다. 우리가 흔히 보는 자동차 공장의 조립 로봇이 대표적인 매니퓰레이터입니다. 매니퓰레이터는 여러 개의 관절이 있어 물건을 이동시키거나 장비를 검사하는 데 사용됩니다.

모바일 로봇 위치를 이동할 수 있는 로봇으로, 어디든 이동이 가능하여 활용도가 높습니다. 청소 로봇이나 물속을 헤엄치는 물고기 로봇 등이 대표적인 모바일 로봇입니다.

산업용 로봇 공장의 제조 라인 등에서 사용하는 자동 공작 기계를 말합니다. 자동차의 차체에 용접을 하는 포트 용접 로봇이나 건설 현장에서 사용하는 도장 로봇을 산업용 로봇이라고 말할 수 있습니다.

수중 로봇 수면에서 떠 있거나 물속에서 작동하는 로봇을 말합니다. 수중 로봇은 물속에서도 작동할 수 있게 방수 처리되었으며, 프로펠러나 물 분사를 사용하여 움직입니다. 또 물속에서 데이터를 주고받기 위해 수중 센서를 사용합니다.

족형 로봇   지상 로봇 중 다리를 사용하여 이동하는 로봇을 말합니다. 바퀴로 이동하는 로봇에 비해 더 험하고 울퉁불퉁한 지형을 이동할 수 있습니다. 일반적인 로봇이 이동하기 힘든 계단이나 사다리에서도 이동 가능합니다.

지상 로봇   땅에서 움직이도록 만들어진 로봇을 말합니다. 자연이나 건물 내·외부, 지하 등에서 움직이는데요. 사람의 활동 환경에서 작동하기 때문에 음식 배달 로봇에서부터 지뢰 제거 로봇까지 다양한 목적에 따라 세작됩니다.

평지 주행형 로봇   지상 로봇 중 평지를 이동하는 데 적합하게 고안된 로봇입니다. 평지는 복잡하지 않고 이동하기 수월하여 로봇 제작이 쉽습니다. 무인자동차나 잔디 깎기 로봇 등이 대표적인 평지 주행형 로봇입니다.

험지 주행형 로봇   평지보다 험한 지형에서 이동할 수 있도록 개발된 로봇입니다. 바퀴 형태, 현가장치, 조향장치 등이 비포장도로와 같이 울퉁불퉁한 곳의 이동에 적합하도록 제작됩니다. 화성 탐사 로봇이 대표적인 험지 주행형 로봇입니다.

02

로봇은 어떤 구조로 이루어질까?

기계는 답을 위해 존재하고
인간은 질문하기 위해 존재한다.

과학 기술 칼럼니스트, 케빈 켈리 Kevin Kelly

로봇의 기능과 장치는 사람에 대입해서 생각할 때 쉽게 이해되는데요. 로봇은 어떤 구조로 이루어져 있을까요? 또 사람과 어떻게, 얼마나 다를까요?

생김새가 달라도 구성 요소는 똑같아

사람의 신체를 구성하는 요소는 어떤 것들이 있을까요? 구성 요소를 어떤 기준으로 보는가에 따라 그 답이 달라질 것입니다. 예를 들어 신체를 구성하는 최소 단위를 기준으로 한다면 원소가 기준이 되어 탄소, 수소, 질소, 칼슘, 인 등이 신체의 구성 요소라고 할 수 있어요. 하지만 눈에 보이는 기준으로 좀 더 쉽게 생각해 보세요. 이때 사람의 구성 요소는 팔, 다리, 머리, 몸통, 손, 발 등입니다.

생김새가 달라지면 구성 요소도 달라질까요? 답은 '달라지지 않는다'입니다. 물론 사람에 따라 팔이나 다리가 선천적 기형 혹은 후천적 사고 때문에 바뀔 수는 있습니다. 하지만 특별한 경우를 제외하고 사람의 신체 구성 요소는 모두 동일합니다. 대표적으로 사람은 누구나 팔·다리·엉덩이·얼굴·손·발이 있지만, 누구에게서도 날개·뿔·비늘·꼬리는 찾아볼 수 없지요. 각자의 생김새가 다르더라도 사람의 몸은 모두 같은 구성 요소로 이루어진 것입니다.

로봇 역시 형태가 달라도 공통된 구성 요소가 있습니다. 예를 들어 사람을 닮은 휴머노이드 로봇을 비롯하여 새 로봇, 강아지 로봇, 화성 탐사 로봇은 모두 형태가 다르지만 같은 구성 요소로 이루어져 있어요. 따라서 로봇의 구성 요소를 잘 이해하고 응용한다면 어떠한 로봇이라도, 심지어 그 로봇이 아이언맨일지라도 설계하고 제작할 수 있습니다.

사람처럼 다양한 구성 요소로 이루어진 로봇

영화 〈빅 히어로〉에는 베이맥스라는 로봇이 등장합니다. 베이맥스는 사람처럼 두 다리로 걷고 뛰며 앉을 수 있습니다. 또 사람처럼 복잡한 동작도 할 수 있습니다. 베이맥스의 능력은 움직이는 것에 그치지 않아요. 사람의 언어를 이해하고 그에 대답하는 지능도 갖추었지요. 거의 사람과 흡사하다고 말할 수 있습니다. 게다가 베이맥스는 체온을 측정하거나 하늘을 나는 등 사람이 하지 못하는 일도 해낼 수 있습니다.

베이맥스가 이렇게 다양한 기능을 수행하기 위해서는 어떤 요소들이 필요할까요? 먼저 커다란 몸체를 지탱하는 부품과 부품을 움직이는 힘이 필요합니다. 상황에 맞게 몸을 움직이게 해 주는 장치도 있어야 하고요. 사람의 말을 알아듣고 그에 따라 움직이게 하기 위한 인공지능 역시 필요합니다. 실제로 베이맥스는 형태를 유지해 주는 부품은 물론이고,

카메라, 마이크, 스피커, 전원 장치, 컴퓨터 등 많은 부품으로 구성되어 있습니다.

이처럼 하나의 로봇은 여러 가지 요소로 이루어져 있습니다. 사람의 몸이 다양한 구성 요소로 이루어진 것과 같지요. 그렇다면 로봇이 움직이기 위해서는 구체적으로 어떠한 요소가 필요하며, 각 요소가 어떤 역할을 하는지 사람과 비교하면서 자세히 살펴보겠습니다.

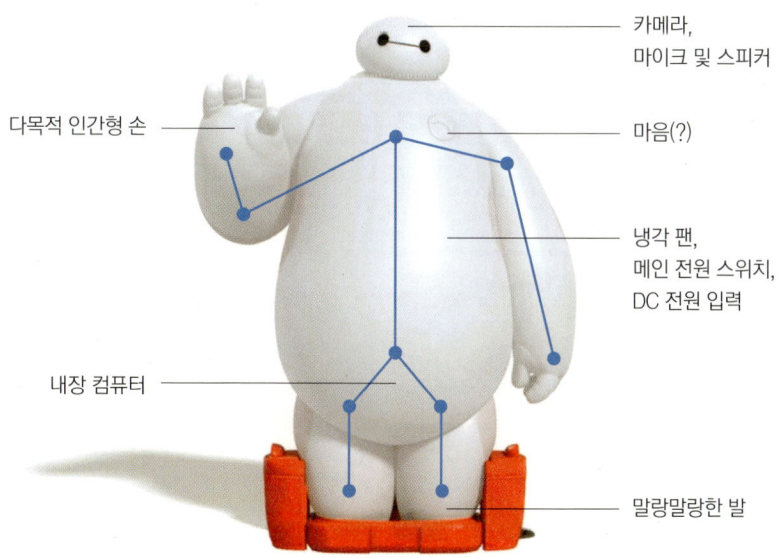

영화 〈빅 히어로〉에 등장하는 로봇 베이맥스

로봇의 뼈, 링크

우리에게 가장 친숙한 인간형 로봇 휴머노이드 외에도 생산 및 제조용 로봇, 엔터테인먼트 로봇, 구조용 로봇 등 다양한 형태와 용도의 로봇이 개발되었습니다. 예를 들어, 1961년에 개발된 최초의 산업용 로봇 팔 유니메이트는 자동차 공장에서 단순 작업만 수행할 수 있었어요. 하지만 이제는 로봇이 애완동물을 대체하여 사람과 감정을 교감할 수 있는 정도까지 되었습니다. 일본의 소니사에서 개발한 강아지 로봇 아이보가 대표적인 애완 로봇이라고 할 수 있지요.

산업 현장에서 사용되는 제조용 로봇(왼쪽)과 구조 현장에서 사용되는 구조용 로봇(오른쪽)

ⓒ flickr_socialmediasl444(왼쪽)

그러나 로봇의 생김새와 용도가 아무리 복잡하고 다양해지더라도 과거의 로봇과 지금의 로봇 모두 공통된 구성 요소가 있습니다. 구성 요소 중 로봇이 움직이는 데 가장 핵심적인 것은 링크, 조인트, 액추에이터, 센서, 제어기인데요. 이 중 링크에 대해 먼저 알아보겠습니다.

사람의 신체 구조는 뼈와 관절로 이루어져 있습니다. 로봇에서는 '링크link'가 사람의 '뼈'와 같은 기능을 담당하지요.

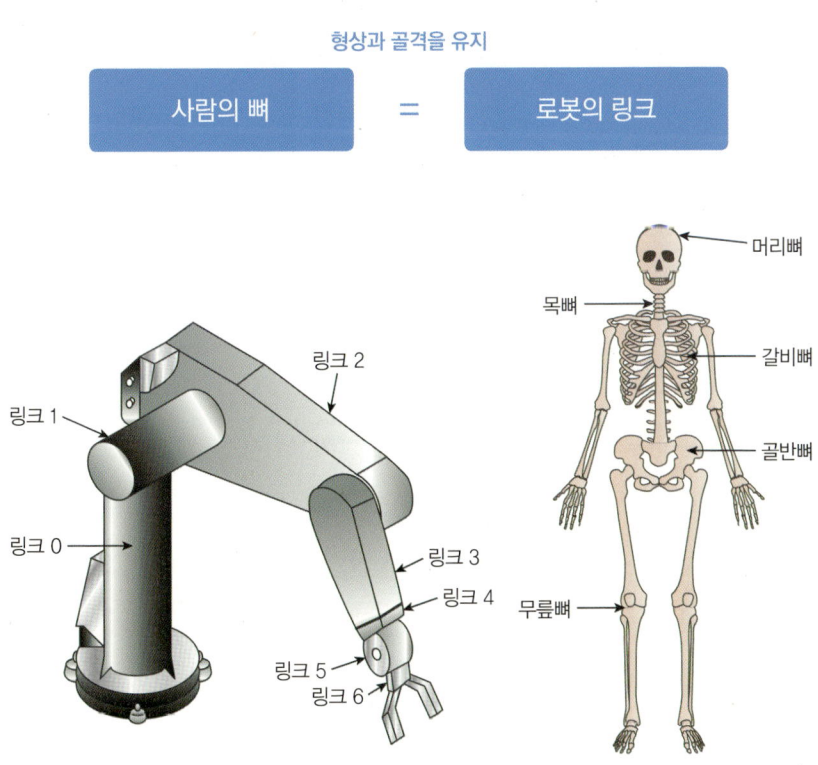

사람의 뼈와 같은 기능을 하는 로봇의 링크

02 로봇은 어떤 구조로 이루어질까? **51**

앞의 그림을 비교해 보면 산업용 로봇과 사람 골격의 형태는 매우 다릅니다. 하지만 사람의 뼈가 그 형태를 구성하고 유지시키는 것처럼 로봇의 링크도 같은 역할을 하고 있어요. 이처럼 링크는 로봇의 전체 구조를 유지하는 매우 중요한 구성 요소이며, 로봇에서 가장 튼튼한 부분입니다.

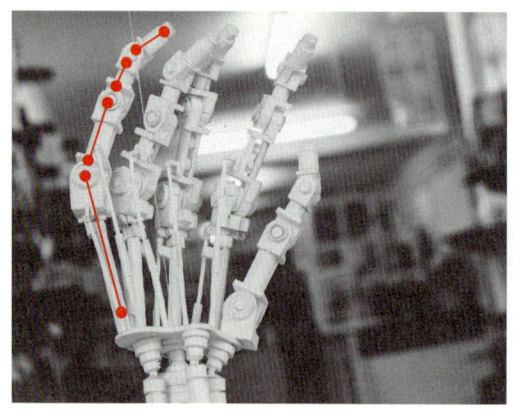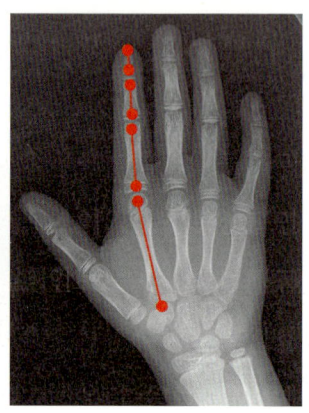

로봇의 링크(왼쪽)와 사람의 뼈(오른쪽) 구조 비교

ⓒ flickr_Víctor Villamarín(왼쪽)

그렇다면 링크와 뼈의 차이점은 무엇일까요? 우선 사람의 손가락 뼈는 칼슘으로 이루어져 있습니다. 반면 로봇의 손가락, 즉 링크는 철이나 탄소섬유 등 튼튼한 소재로 만들어져요. 또 사람의 손가락은 뼈의 위치를 마음대로 바꿀 수 없어 누구든 같은 형태이지만, 로봇의 링크는 목적에 따라 형태를 마음대로 바꿀 수 있습니다. 이러한 링크만의 특성을 잘 활용한다면 미래 과학자인 여러분도 목적에 맞는 로봇 형태를 멋지게 만들 수 있을 것입니다.

로봇의 관절, 조인트

만약 사람의 팔이 하나의 뼈로만 이루어져 있다면 팔을 굽힐 수 있을까요? 우리가 팔을 굽히고 손목을 돌릴 수 있는 이유는 팔을 이루는 여러 개의 뼈 사이에 '관절'이 존재하여 뼈가 서로 다른 방향으로 움직일 수 있도록 해 주기 때문입니다.

로봇도 마찬가지입니다. 로봇의 구조를 유지하는 링크가 하나로 구성되어 있다면 스스로 다른 방향으로 움직일 수 없습니다. 그래서 로봇의 링크와 링크 사이에는 '조인트 joint'가 위치하여 각 링크가 서로 다른 방향으로 움직일 수 있도록 도와줍니다.

조인트의 기능

조인트에는 다양한 형태가 있습니다. 각 그림을 보면서 사람 몸의 관절과 로봇의 조인트를 비교해 봅시다.

● 평면 조인트

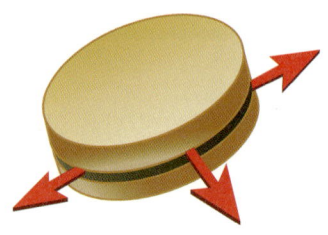
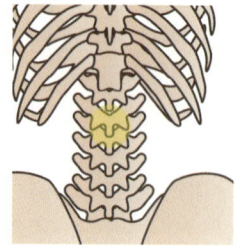

로봇의 평면 조인트와 사람의 척추 관절

접촉한 면을 따라서만 움직이도록 움직임을 제한하는 조인트입니다. 사람의 척추에 이러한 관절이 많이 있습니다.

● 안장 조인트

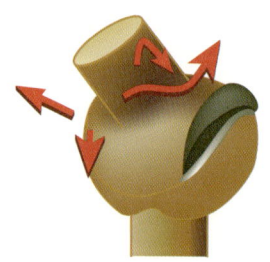
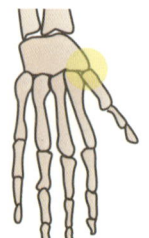

로봇의 안장 조인트와 사람의 엄지손가락 관절

조인트의 모양이 말 안장과 비슷해서 붙여진 이름입니다. 대부분의 관절은 기준이 되는 면이 볼록한 면인지 오목한 면인지에 따라 다른 법칙으로 움직이는데요. 안장 조인트는 볼록한 면과 오목한 면이 함께 존재해서 움직이는 방향에 따라 움직임의 법칙이 결정됩니다. 사람의 몸에서는 복장 빗장 관절[1]과 엄지손가락 관절이 안장 조인트와 같습니다.

● 회전형 조인트: 경첩 조인트와 절굿공이 조인트

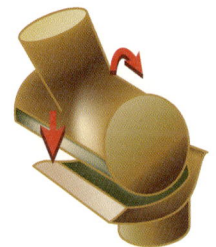 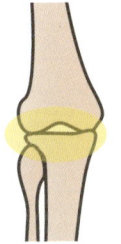

로봇의 경첩 조인트와 사람의 무릎 관절

 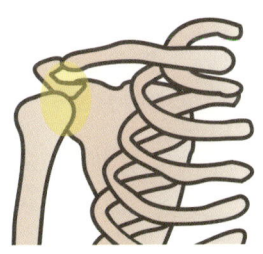

로봇의 절굿공이 조인트와 사람의 어깨 관절

> **1 복장 빗장 관절**
> 복장뼈와 빗장뼈를 연결하는 관절. 복장뼈는 가슴 한복판에 세로로 위치하는 뼈이고, 빗장뼈는 복장뼈의 윗부분과 어깨 끝을 연결하는 S자 모양의 뼈이다.
>
> **2 경첩**
> 여닫이 창문이나 문짝 등을 다는 데 쓰는 철물로, 모양이 같은 2개의 쇳조각을 한쪽은 문틀에, 다른 한쪽은 문짝에 고정하여 맞물려 사용한다.
>
> **3 절굿공이**
> 절구에 곡식 따위를 빻거나 찧을 때 쓰는 기구.

경첩[2] 조인트와 절굿공이[3] 조인트는 로봇에 많이 활용되는 관절의 형태입니다. 둘 다 회전형 조인트라는 공통점이 있지만, 한 축으로 움직임이 고정되어 있는 경첩 조인트에 비해 절굿공이 조인트는 세 방향으로 움직인다는 점이 다릅니다.

● 그 외 여러 유형의 조인트

 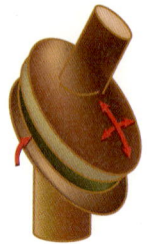

회전 조인트와 타원 조인트

이외에도 회전 조인트나 타원 조인트, 구형·사각기둥형·스크류형 조인트 등 다양한 움직임을 만드는 조인트가 존재합니다.

우리 주변에서 쉽게 찾아볼 수 있는 조인트는 무엇이 있을까요? 예를 들어 자전거 바퀴에 바람을 넣는 손 펌프는 직선으로 작동하는 조인트이고, 프레임을 기준으로 회전하는 자전거 바퀴는 회전하며 작동하는 조인트입니다.

달리는 로봇의 구조 역시 링크와 조인트의 결합으로 볼 수 있습니다. 카이스트에서 개발한 달리는 로봇 랩터의 다리 구조도 링크와 조인트가 결합해 고양이 다리와 같은 구조를 이루지요.

한편 사람의 관절은 대부분 회전하는 관절입니다. 그런데 대부분의 사람들은 다리를 체조 선수처럼 유연하게 스트레칭할 수 없습니다. 그 이유가 무엇일까요?

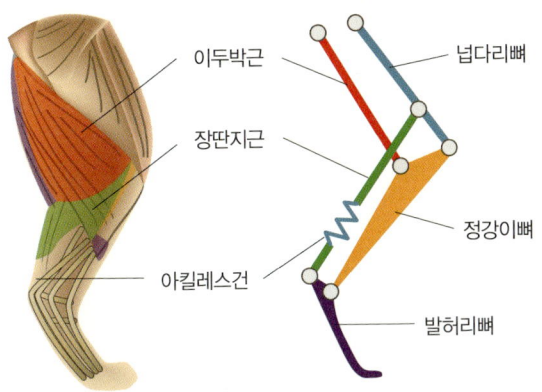

고양이와 랩터 로봇의 다리 구조 비교

사람의 관절은 360도로 완전히 회전하지 못합니다. 리듬체조 선수나 발레리나처럼 매우 유연한 사람도 180도 이상 다리의 관절을 회전할 수 없습니다. 그러니 그들보다 관절을 유연하게 사용하지 못하는 사람들은 훨씬 작은 각도로만 관절을 회전할 수 있어 유연하게 스트레칭할 수 없는 것입니다.

반면 로봇은 구조에 따라 다리를 360도로 쉽게 회전할 수 있습니다. 심지어 머리나 팔꿈치도 360도 회전이 가능합니다. 사람과 다르게 필요한 곳에 360도 회전이 가능한 조인트를 넣을 수 있기 때문입니다.

아무리 유연한 사람도 다리의 관절을 180도 이상 회전할 수 없습니다.

로봇 박사의 비밀 노트

기준에 따라 달라지는 물체의 운동, 상대 운동

링크는 조인트를 기준으로 '입력 링크'와 '출력 링크'로 구분됩니다. 두 개의 링크가 조인트로 연결되어 있을 때 힘을 주는 쪽을 입력 링크라 하고, 힘을 받는 쪽을 출력 링크라고 하지요. 두 링크는 어느 한쪽이 무조건 입력 링크 혹은 무조건 출력 링크로 정해지는 것이 아니라 상대적으로 결정됩니다.

팔로 야구공을 있는 힘껏 던져 보세요. 야구공을 던질 때 힘이 어디에서 어디로 전달되나요? 바로 팔의 윗부분부터 시작해서 팔의 아랫부분, 그리고 손까지 전달됩니다. 이때 팔꿈치를 기준으로 팔의 윗부분을 '상박', 아랫부분을 '하박'이라고 하는데요. 상박과 하박을 연결하는 팔꿈치를 조인트라고 했을 때 상박이 입력 링크가 되어 힘을 주면 하박이 출력 링크가 되어 그 힘을 받습니다. 그런데 하박이 받았던 힘을 손목 조인트를 거쳐 손으로 보낼 때 출력 링크였던 하박은 입력 링크가 됩니다. 기준점에 따라 입력 링크와 출력 링크가 달라지는 겁니다. 즉, 하박은 팔꿈치를 기준으로 할 때 출력 링크, 손목을 기준으로 할 때 입력 링크가 됩니다. 그리고 이처럼 기준에 따라 달라지는 물체의 운동을 '상대 운동'이라 합니다.

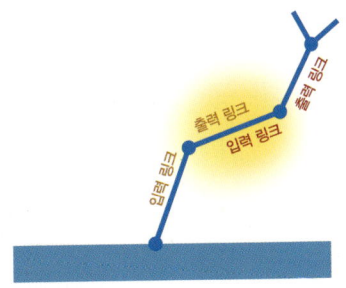

동작	조인트	입력 링크	출력 링크
상박이 하박을 회전시킨다.	팔꿈치	상박	하박
하박이 손을 회전시킨다.	손목	하박	손

• 조인트에 따라 달라지는 입력 링크와 출력 링크 •

로봇의 근육, 액추에이터

솜 인형이나 바비 인형은 스스로 움직일 수 없습니다. 종아리 근육을 다친 사람도 제대로 걸으며 움직일 수 없습니다. 이러한 현상의 공통점은 무엇일까요? 바로 움직임을 만드는 요소가 작용하지 않았다는 점입니다.

종아리 근육이 손상된 운동선수는 치료해야 다시 걸을 수 있습니다. 사람에게 근육은 힘을 만들어 움직임을 이루어 내는 구성 요소이기에 다친 근육을 치료하지 않으면 움직일 수 없기 때문입니다. 그렇다면 바비 인형이 움직이기 위해서는 무엇이 필요할까요? 각 링크에 힘을 주는 장치가 필요합니다.

스스로 힘을 주고 걷지 못하는 바비 인형과 다리를 부상당한 운동선수의 공통점은 무엇일까요?

로봇도 각 링크가 움직이려면 로봇에게 힘을 제공하는 장치가 필요한데요. 이 장치를 액추에이터 actuator 라고 합니다. 사람의 근육과 같은 기능을 하지요.

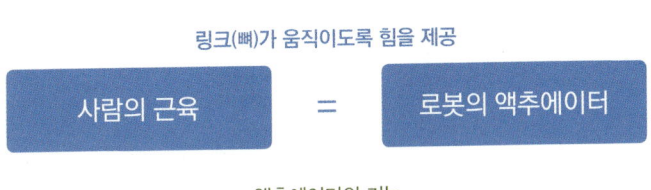

액추에이터의 기능

만약 사람에게 뼈와 관절만 있고 근육이 없다면 어떤 일이 일어날까요? 마치 헝겊 인형처럼 흐느적거리고, 중력을 지탱할 수 없어 바닥에 떨어진 옷처럼 납작하게 넘어진 상태가 될 것입니다. 사람에게 근육은 그만큼 중요한 구성 요소인데요. 로봇도 마찬가지입니다. 로봇이 움직이기 위해서는 각 링크에 힘을 주는 액추에이터가 있어야 하지요.

MIT의 휴 허 Hugh Herr 교수는 액추에이터를 활용한 로봇 의족을 개발하여 자신을 비롯한 무릎 아래가 없는 사람들이 걷고 뛸 수 있도록 해 주었습니다. 이때 로봇 의족의 액추에이터는 사람의 종아리 근육과 발목 근육이 하는 것처럼 몸을 움직이고 균형을 잡아 줍니다.

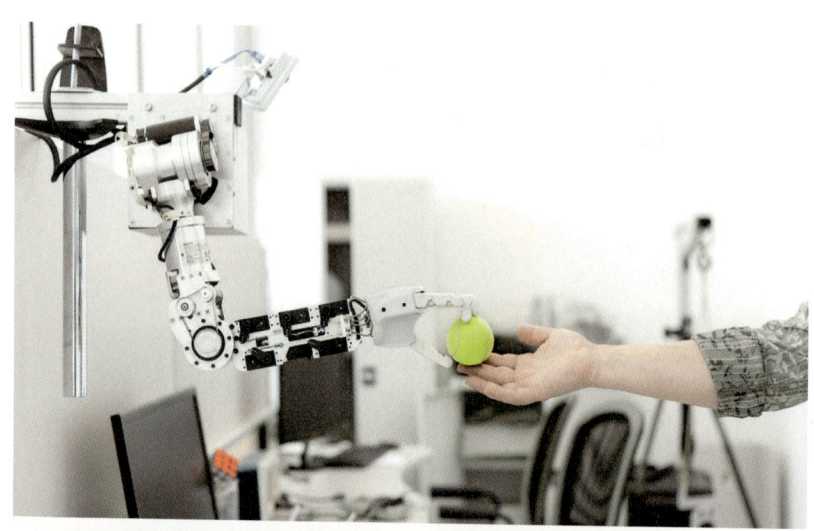

액추에이터가 있어 각 링크를 움직일 수 있는 로봇 팔(위)과
MIT의 부교수이자 의족 개발자 휴 허(아래)

ⓒ flickr_socialmediasl444(위) / flickr_Life imperfections(아래)

액추에이터는 어떻게 운동할까?

액추에이터는 운동 방식에 따라 크게 직선운동형과 회전운동형으로 나눌 수 있습니다. 직선운동형 액추에이터는 사람의 근육처럼 길이 방향[4]으로 길어졌다가 짧아지는 형태입니다. 포클레인이나 지게차가 이러한 형태의 액추에이터를 사용하지요. 한편 회전운동형 액추에이터는 근육과 달리 360도 회전이 가능합니다. 우리 주위 대부분의 장치들이 회전운동형 액추에이터를 사용합니다. 대표적인 회전운동형 액추에이터로는 모터와 엔진이 있습니다.

> **4 길이 방향**
> 원통의 축과 평행하게 길어지거나 짧아지는 방향.

액추에이터는 대부분 직선 또는 회전 방향으로 운동합니다. 또 원하는 만큼 작게 만들기 어렵습니다. 그래서 최근에는 실제 생물의 근육처럼 유연하게 움직일 수 있는 액추에이터가 개발되고 있습니다. 그중 대표적인 것이 신물질 액추에이터입니다. 신물질 액추에이터는 단순하게 직선 방향과 회전 방향으로만 움직이던 기존의 액추에이터에서 발전하여 사람의 근육 같이 매우 정교한 움직임이 가능합니다.

대표적인 신물질 액추에이터로는 훼스토FESTO 사에서 개발한 바이오닉 핸들링 어시스턴트Bionic Handling Assistant가 있습니다. 코끼리 코를 모방하여 만든 이 액추에이터는 실제 코끼리 코처럼 유연하게 움직일 수 있으며 부드럽고 정교하게 물건을 집을 수 있어 섬세한 작업에 활용됩니다. 이런 신물질 액추에이터를 사용하면 훨씬 더 정교하고 다양하게 움직이는 로봇을 개발할 수 있을 것입니다.

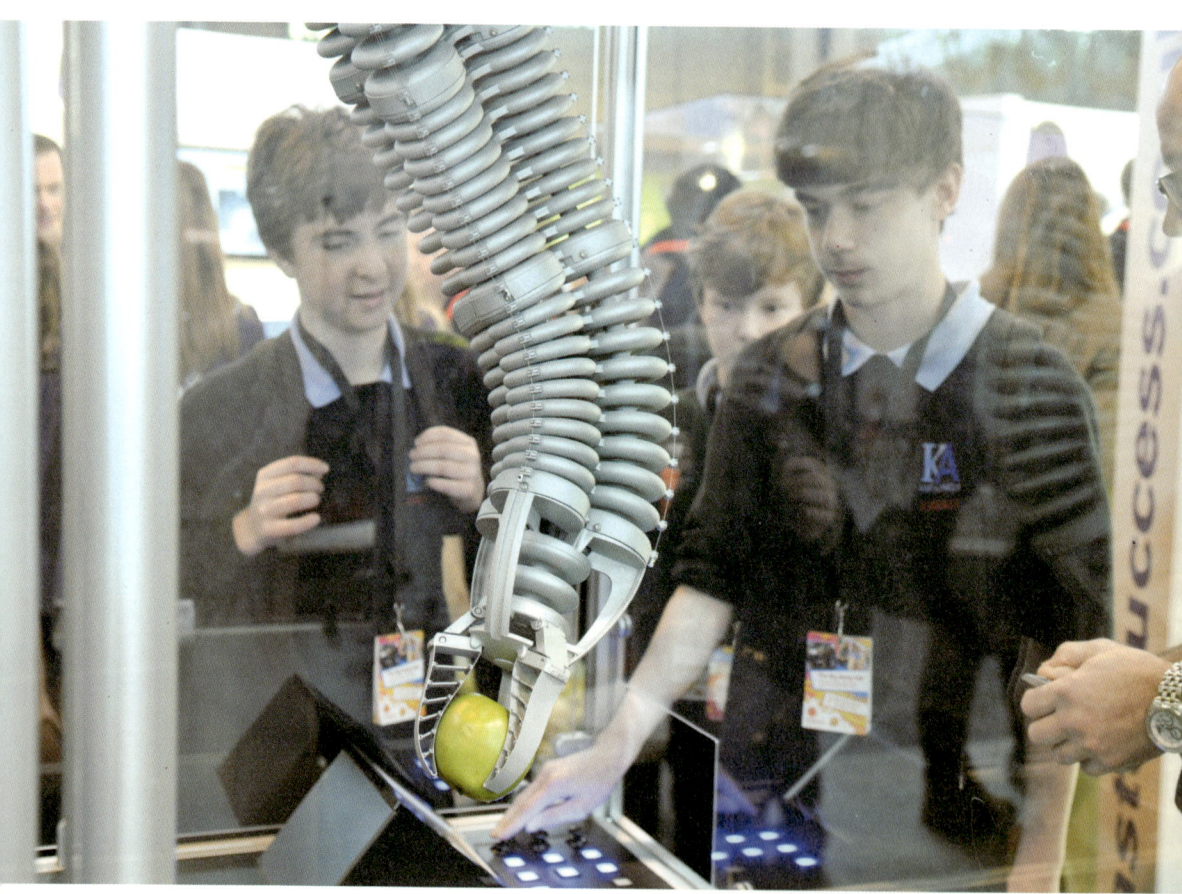

훼스토사에서 개발한 코끼리 코 모방 액추에이터, 바이오닉 핸들링 어시스턴트

ⓒ flickr_FDFphotos

액추에이터는 어떤 에너지를 사용할까?

액추에이터는 사용하는 에너지에 따라서도 구분됩니다. 같은 회전운동을 하는 모터와 엔진이라도 모터는 전기를, 엔진은 기름의 화학에너지를 원료로 사용하지요. 전기가 원료인 모터를 액추에이터로 사용하는 기기는 선풍기, 세탁기 등 가정에서 콘센트에 꽂아 사용하는 기기입니다. 자동차, 비행기 등 큰 힘을 내야 하는 운송 수단이 엔진을 액추에이터로 사용하지요. 화학에너지인 연료를 태워 발생한 에너지로 힘을 내는 것입니다.

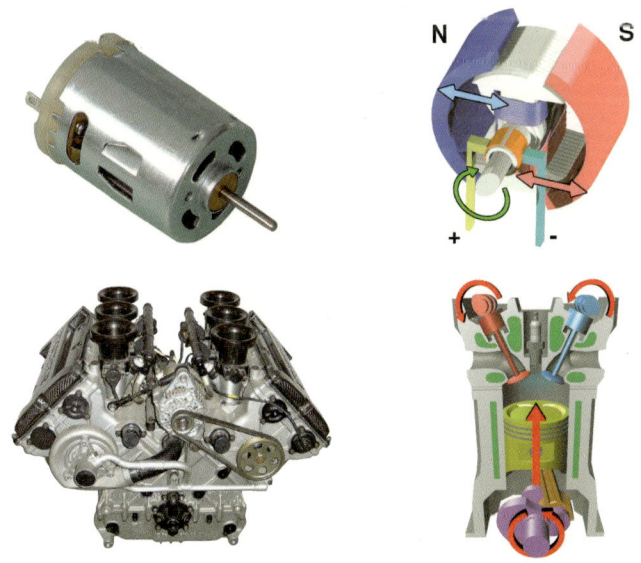

전기를 사용하는 모터(위)와 화학에너지를 사용하는 엔진(아래)

02 로봇은 어떤 구조로 이루어질까? **65**

로봇의 감각, 센서

불의의 사고로 눈이 안 보이는 상황을 생각해 본 적 있나요? 혹은 맛을 볼 수 없다면, 소리를 들을 수 없다면 어떨지 상상해 본 적 있나요? 평소에 당연하게 느끼던 오감을 갑자기 어느 하나라도 느끼지 못한다면 일상생활을 유지하는 데 큰 어려움을 겪게 될 것입니다.

우리는 눈을 통해 사물을 보고 정보를 얻습니다. 귀를 통해서는 소리 정보를 얻고, 배가 아플 때는 통증을 느낍니다. 이처럼 사람은 오관 눈, 코, 귀, 혀, 피부을 통해 자기 몸 바깥의 자극을 느낄 수 있는데요. 이를 오감 시각, 후각, 청각, 미각, 촉각이라고 합니다.

로봇에도 사람의 오관과 같이 변화를 감지하고 이를 계측해 주는 센서 sensor가 있습니다. 라틴어로 감지하다, 지각하다, 느끼다 등의 의미인 'sense'에서 유래된 말이지요.

센서는 로봇이 주위를 인식하거나 상황을 판단하며 몸의 상태를 파악하는 데 중요한 역할을 합니다. 이때 어떤 정보를 받아들이는가에 따라 로봇이 사용하는 센서는 다양한데요. 대표적으로 사람처럼 빛, 소리, 온도, 압력을 감지하기 위한 센서가 존재합니다. 사람에게 없는 특별한 센서도 있습니다. 바로 방사선, 적외선 등을 측정할 수 있는 센서입니다. 이 외에 사람에게 없지만 로봇에게는 있는 다양한 센서에 대해 좀 더 자세히 알아보겠습니다.

• 사람에게 없는 로봇의 센서 •

센서	기능
가속도 센서	물체가 얼마나 점점 속도를 더하고 있는지 측정하는 센서입니다. 좌-우, 앞-뒤, 위-아래 세 가지 방향의 속도를 측정해 주며, 움직이는 로봇에게 반드시 필요한 센서입니다.
자이로(gyro) 센서	물체가 얼마나 기울어져 있는지 측정하는 센서입니다. 좌-우, 앞-뒤, 위-아래 세 가지 방향으로 얼마나 기울어져 있는지 측정해 주며, 로봇이 균형을 잡기 위해 반드시 필요한 센서입니다.
금속 탐지 센서	금속을 탐지하는 센서입니다. 여러 가지 물체 중 금속과 가까이했을 때 전류가 흐르는 성질이 있습니다. 주로 공항을 수색하거나 지뢰를 탐지할 때 많이 사용됩니다.
적외선 탐지 센서	사람의 눈에 보이는 빛은 가시광선인데, 가시광선이 아닌 사람의 눈에 보이지 않는 빛을 측정하는 센서입니다. 주로 빛이 없는 어두운 곳에서 물체를 인지할 때 사용되며, 구조 로봇에 가장 많이 이용되고 있습니다.
가스 탐지 센서	기체 물질을 탐지하는 센서입니다. 가스의 성분을 측정한 후 그 결과에 따라 장치를 제어하거나 경보를 울려 위험한 상황을 막는 역할을 합니다.
압력 측정 센서	연결된 공간의 압력을 측정하는 센서입니다. 일정한 압력을 유지해야 하는 작업 과정에서 많이 사용됩니다.
터치 센서	인체의 접촉을 인식하는 센서입니다. 인체가 센서에 접촉했을 때 압력 변화(감압식) 또는 흐르는 전류(정전식)를 측정하여 정보를 전달합니다.
태양 전지 센서	태양열을 받아 전류로 바꾸는 센서입니다. 최근 친환경 에너지로 급부상하여 많은 연구가 이루어지고 있으며, 로봇이 자체적으로 에너지를 얻기 위해 반드시 필요한 센서입니다.

센서는 로봇의 기능과 직접 연결되는 매우 중요한 구성 요소입니다. 자동차 공장에서 볼 수 있는 제조용 로봇의 경우, 정확한 위치에 적절한

부품을 조립해야 하므로 위치를 파악하는 센서와 적절한 부품을 선택하기 위한 센서가 필요합니다. 재난 현장에서 볼 수 있는 구조용 로봇은 위험한 상황에서 장애물에 부딪히지 않게 전방을 스캐닝하는 센서, 어두운 곳에서도 사람을 발견하기 위한 적외선 센서, 고온의 위험 지역을 점검하기 위한 온도 센서 등이 필요하지요. 최근 가장 활발한 연구가 이루어지는 인간형 로봇에도 두 발로 걷고 물건을 인지하고 말을 하기 위한 수많은 센서가 사용됩니다.

그렇다면 달리는 로봇에는 어떤 센서가 필요할까요? 땅에서 전달되는 힘을 측정하기 위한 힘 센서, 균형을 잡기 위한 자이로 센서, 앞을 보기 위한 카메라, 다리의 각도를 알기 위한 엔코더 encoder 센서 등이 사용됩니다.

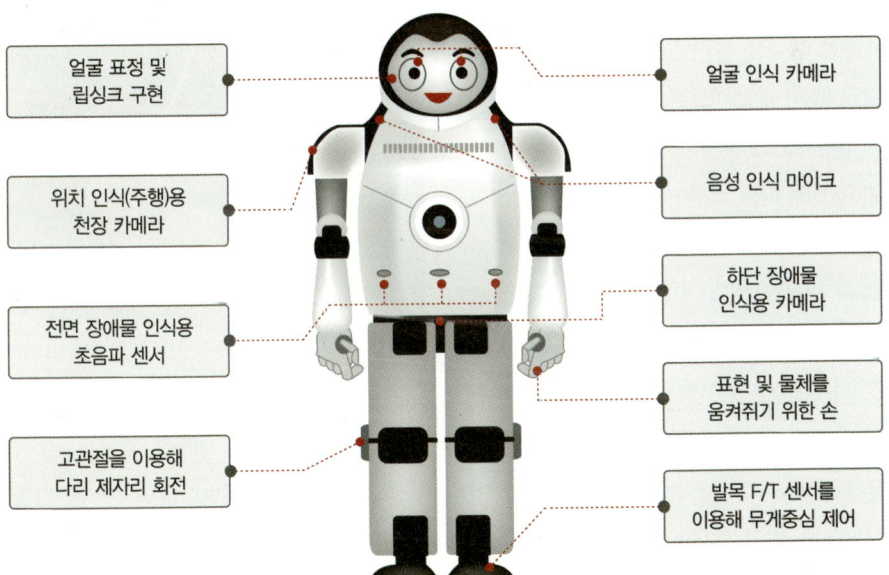

인간형 로봇에 사용된 다양한 센서

쇼 미 더 로봇

스마트폰 시대, 센서의 활약

우리가 매일 손에서 놓지 않는 스마트폰에는 어떤 센서들이 있을까요?

우선 통화를 하기 위해 스마트폰을 귀에 갖다 댔을 때 스마트폰 화면이 저절로 꺼지게 하는 '근접 센서'가 있습니다. 통화할 때 귀 때문에 다른 버튼이 눌리는 걸 방지하기 위함입니다. 스마트폰의 움직임을 감지하는 '가속 센서'도 있습니다. 스마트폰으로 하루에 얼마나 걸었는지 확인할 수 있지요? 바로 가속 센서 덕분입니다. '밝기 센서'는 스마트폰 주변 밝기를 감지해 스마트폰의 밝기를 조절하는 센서입니다. 어두운 곳에서 스마트폰 화면의 밝기가 최대이면 눈이 아프고, 밝은 야외에서 스마트폰 화면이 어두우면 잘 안 보이는데요. 밝기 센서는 이런 상황에 필요합니다. 이 외에도 지문 인식 센서, 자이로 센서, 심장 박동 센서 등 스마트폰에는 많은 센서가 장착되어 있습니다.

요즘 스마트폰의 기본 센서인 지문 인식 센서
ⓒ flickr_Aaron Yoo

앞으로 이런 센서들은 스마트폰뿐만 아니라 자율주행차, 로봇 등 정밀한 움직임이 요구되는 기기들에 좀 더 다양한 형태로 장착될 전망입니다. 4차 산업혁명 시대를 맞아 AI 기술에 초연결 5G가 구축되면 단말기 및 무인 기기의 부가가치가 커질 것이기 때문입니다. 이때 중요한 역할을 하는 센서가 좀 더 정밀해질 것이라고 전문가들은 예상하지요.

우리 생활을 더욱 편리하게 하기 위해 어떤 센서가 필요할지 생각해 보세요. 지금은 없지만 여러분이 새로 개발할 수 있는 센서들이 무궁무진할 겁니다.

로봇의 두뇌, 제어기

사람이 달릴 때 넘어지지 않을 수 있는 이유는 두뇌에서 관절과 뼈가 정확하게 움직이도록 제어·통제하기 때문입니다. 그렇다면 이때 뇌에서는 어떤 제어 명령을 내릴까요? 달리는 사람의 뇌는 가장 먼저 속도에 맞게 다리를 움직이라고 명령합니다. 넘어지지 않도록 자세 제어 명령도 끊임없이 내보내고요. 또 달리는 동안 돌이나 계단과 같이 지면이 달라질 경우 지면의 상태에 따라 발과 발가락의 모양, 다리 근육의 길이를 끊임없이 조정하라는 명령도 내립니다. 눈으로는 주위에 지나가는 물체를 보고 그것을 기준으로 달리는 속도를 적정한 수준으로 제어하며, 전정기관[5]을 통해서는 내 몸의 각도를 측정하여 달리는 동안 적절한 몸의 자세를 유지하도록 명령합니다.

> **5 전정기관**
> 귀의 가장 안쪽 부분에 위치하여 신체의 평형감각을 유지하는 기관.

로봇에도 원하는 방향으로 가게 하거나 힘을 작동하도록 명령을 내리는 장치인 제어기가 있습니다. 제어기는 센서를 통해 감지된 로봇의 상태나 주위 환경 정보를 바탕으로 로봇이 앞으로 할 작업이나 행동을 이루어지게 하거나, 현재 하고 있는 행동이 제대로 수행되고 있는지 지속적으로 확인합니다.

명령을 만들어 제어·통제

| 사람의 두뇌 | = | 로봇의 제어기 |

제어기의 기능

    로봇에는 다양한 종류의 제어기가 있는데, 그중 가장 중요한 제어기는 로봇이 넘어지지 않고 제대로 서 있게 해 주는 균형 제어기입니다.

    균형 제어기는 크게 두 가지 센서의 값을 받아들입니다. 기울어진 정도를 측정하는 자이로 센서의 값, 발바닥에 실리는 힘을 측정하는 힘 센서의 값입니다. 균형 제어기는 자이로 센서 값을 통해 기울어진 몸을 인지하고, 원래대로 돌아갈 수 있도록 각 다리의 액추에이터에 명령을 내립니다. 필요한 만큼 기울기를 조정하도록 명령하는 거지요. 또 기울어진 순간 넘어지지 않기 위해 힘 센서에 측정된 힘만큼 움직이도록 다리의 액추에이터에 명령을 내립니다. 균형 제어기에서 센서의 값을 인지하고 판단한 후 액추에이터에 명령을 내리는 이 과정은 매우 빠르게 반복되기 때문에 로봇은 넘어지지 않고 서 있을 수 있습니다. 균형 제어기가 어떻게 작동하는지는 보스턴 다이내믹스사의 빅 독Big Dog을 통해 살펴볼 수 있습니다.

    이 외에 로봇이 잘 작동하도록 최적의 온도를 일정하게 유지시키는 온도 제어기, 액추에이터의 움직임을 제어하는 속도 제어기, 원하는 자세를 유지시키는 자세 제어기, 움직임을 계산하고 예측하는 모션 제어기 등이 있습니다.

넘어지지 않고 균형을 잘 잡는 빅 독

로봇도 움직이려면 밥이 필요해

사람이 팔다리를 움직이고 일상생활을 하려면 음식을 꼭 먹어야 합니다. 마찬가지로 로봇의 센서가 정보를 얻고, 제어기가 계산과 명령을 수행하고, 링크·조인트·액추에이터가 작동하기 위해서는 에너지가 필요합니다. 그럼 어떤 에너지가 로봇에게 적절할까요? 로봇이 주로 사용하는 에너지는 무엇일까요? 먼저 우리 주위에서 흔히 접할 수 있는 지하철과 자동차를 살펴보며 에너지에 대해 생각해 봅시다.

전기에너지로 이동하는 지하철(왼쪽)과 화학에너지로 이동하는 자동차(오른쪽)

지하철은 땅속 전선을 통해 에너지를 공급받습니다. 땅속 전선에서 공급되는 교류 전기를 이용해 전동기를 회전시키고 그 회전 에너지를 다시 바퀴로 전달해 운행하지요. 지하철을 움직일 때 사용하는 이 전기에너지는 오염 배출이 없고 구조가 간결하다는 장점이 있습니다. 반면 전기를 공급받기 위한 전선이 항상 연결되어 있어야 한다는 단점도 있어요. 그래서 지하철이나 KTX처럼 전기에너지를 이용한 교통수단은 정해진 경로로만 달릴 수 있습니다.

한편 자동차는 정해진 경로가 따로 없으며 다양한 지형에서 움직일 수 있습니다. 또 원한다면 언제든지 이동할 수 있는 교통수단입니다. 그래서 대부분의 자동차는 휘발유나 경유로 달리는 에너지를 얻습니다. 기름 탱크에 공급받은 기름(휘발유 혹은 경유)을 점화해 엔진을 작동시키고 엔진의 왕복운동을 회전운동으로 바꾸어 바퀴를 앞으로 굴러가게 하는 것입니다. 자동차는 언제든지 이동할 수 있어야 하기 때문에 기반 시설이 필요한 전기에너지를 사용하기에는 다소 부적합합니다.

로봇도 필요에 따라 적절한 에너지를 사용하여 작동됩니다. 예를 들어 한자리에 고정되어 반복적인 작업을 하거나 무거운 짐을 운반하는 산업용 로봇 팔의 경우 전기에너지로 작동되지요. 이동할 필요가 없기 때문입니다. 한편 동물처럼 걷거나 뛰면서 움직이는 모바일 로봇은 이동할 수 있는 엔진을 에너지 공급원으로 사용합니다.

그렇다면 엔진처럼 쉽게 이동할 수 있으면서도 전기에너지를 효과적으로 공급해 주는 장치는 없을까요? 바로 지금 이 순간에도 나와 가장 가까이 있는 휴대폰이나 리모컨의 '배터리'가 이동하면서 전기에너지를 공급해 주는 장치입니다. 배터리는 로봇의 가장 대표적인 에너지 저장 요소로 널리 사용되고 있습니다. 로봇에 사용되는 배터리의 종류는 매우 다양한데, 그중 가장 대표적인 몇 가지를 살펴보겠습니다.

● 리튬-이온 배터리

최근에 가장 많이 각광받는 배터리는 리튬-이온 배터리입니다. 요즘 스마트폰에 내장되어 있는 배터리이지요. 에너지 밀도가 높고 사용하지 않을 때 방전되는 정도가 적으며, 그 기술도 꾸준히 발전하고 있습니다. 그러나 에너지 밀도가 높은 만큼 폭발 가능성이 있기 때문에 사용에 각별히 주의해야 합니다. 현재 리튬-이온 배터리는 로봇뿐만 아니라 드론, 전기 자동차 등에도 많이 활용되고 있습니다.

● 그 밖의 배터리

리튬-이온 배터리 외에도 다양한 형태의 배터리가 있습니다. 연료를 넣어 전기를 생산하는 연료전지, 수소에서 전기를 생산하는 수소 전지 등이 대표적입니다. 또 우주에서 수년 동안 에너지를 만들어 내는 방사선 동위원소 열전기 발전기는 인공위성이나 행성 탐사 로봇에 활용되고 있습니다.

휴대용 연료전지(위)와 방사선 동위원소 열전기 발전기(아래)

혹시 〈아이언맨〉 영화를 볼 때 아이언맨 가슴에서 반짝이고 있는 발전기를 보셨나요? 아이언맨의 엄청난 힘의 원천은 '아크원자로'라고 하는 작고 가벼운 발전기인데요. 우리는 과연 아크원자로 같은 영화 속 에너지원을 현실에서 만들 수 있을까요? 미래의 로봇 에너지원으로는 어떠한 것들이 새롭게 탄생할까요? 아마 태양에너지를 아주 효율적으로 흡수하고 저장할 수 있는 도구가 나올 수도 있겠습니다. 짧은 시간 내에 아주 많은 태양광 에너지를 저장하고 오랫동안 사용할 수 있는 에너지원이지요.

상상은 자유이니 여러분도 미래의 에너지원에 대해 마음껏 상상의 나래를 펼쳐 보세요!

생각 더하기

<쥬라기 월드>의 티라노사우루스, 사실은 로봇?

<쥬라기 월드: 폴른 킹덤>의 한 장면

ⓒ flickr_Brenda Rochelle

　우리가 영화 <쥬라기 월드>에 열광하는 가장 큰 이유는 지금은 만날 수 없는 공룡을 볼 수 있기 때문입니다. 영화 속 공룡들이 컴퓨터 그래픽으로 만들어졌다는 사실은 많은 사람들이 알고 있을 텐데요. 그래픽으로 만들어진 공룡은 전문가들의 조언으로 뼈와 골격부터 시작해 피부까지 최대한 생물학적 사실에 맞게 구현되었습니다.

　다음 페이지의 사진은 <쥬라기 월드>의 원조 <쥬라기 공원>에 나오는 티라노사우루스의 제작 과정을 담은 사진입니다. 거의 30년 전에도 생생한 공룡의 모습을 전달하기 위해 많은 전문가들이 힘썼지요.

공룡의 움직임은 어떻게 만들어질까요? 컴퓨터 그래픽에만 의존할 것 같지만 의외로 사람이 직접 공룡의 동작을 연기합니다. 공룡의 움직임을 따라 하는 사람의 동작을 캡처해서 영화 속 공룡 장면을 만드는 거지요. 이것을 모션캡처라고 합니다. 이렇게 만들면 동작이 훨씬 무게감 있고 현실적으로 보이지요.

〈쥬라기 공원〉 티라노사우루스의 제작 과정

한편 컴퓨터 그래픽으로 만들어진 공룡은 실제 촬영 현장에 없기 때문에 배우들은 아무것도 없는 허공을 보고 연기해야 하는 고충이 있다고 합니다. 그래서 이런 단점을 보완하기 위해 '공룡 로봇'이 탄생했습니다. 특별히 감정 이입이 필요한 장면에 '애니매트로닉스animatronics'라는 기술로 만들어진 공룡 로봇을 사용하는 것인데요. 애니매트로닉스는 애니메이션animation과 일렉트로닉스electronics가 합쳐진 말로, 생물을 모방한 로봇을 원격 조종해서 마치 진짜 생물처럼 보이게 하는 특수 효과 기술입니다.

2018년에 개봉한 〈쥬라기 공원: 폴른 킹덤〉에서는 애니매트로닉스 기술을 사용한 공룡 로봇에 3D 기술까지 더해져 훨씬 사실적이고 감동적인 장면이 나올 수 있었습니다.

Q1 공룡 로봇이 실제 공룡처럼 움직이려면 어떤 구조들이 필요할까요?

Q2 공룡 로봇을 조작하기 위해서는 어떤 장치가 필요할까요?

세상에서 가장 빠른 로봇을 만든 **로봇 박사 이야기** ❷

달리는 로봇을 연구하다

달리는 로봇을 연구하게 된 계기

　〈트랜스포머〉 영화에서 화려하게 전투하는 로봇에 비해 현실 속 로봇은 여전히 우스꽝스러운 면이 많습니다. 전반적으로 덜 섬세하고, 느리고, 부자연스럽지요. 과학관이나 로보월드 등에서 쉽게 볼 수 있는 시연용 로봇 역시 아직 매우 느릿느릿 움직입니다.

　박종원 박사는 로봇 연구 중 다른 연구팀들의 다양한 연구 사례를 분석하면서 기술적 한계, 안전, 부적합한 디자인 등 여러 가지 이유로 로봇이 아직 매우 느리다는 것을 알게 되었습니다. 달리는 로봇 연구는 이렇게 느린 로봇의 원인을 분석하는 데에서 시작했습니다. 당시 가장 빨리 달리는 로봇의 속도는 시속 10km 안팎으로 사람의 조깅 속도 수준이었습니다.

그는 로봇의 속도를 높이기 위한 연구가 기계 디자인, 액추에이터, 제어기, 센서 등 여러 분야로도 연결될 수 있어 그 가치가 매우 높을 것이라 생각했습니다. 그래서 어려운 연구 여건에도 과감히 연구를 시작했지요.

연구를 시작할 때에는 연구비 지원을 받지 못했고, 주위 동료들도 성공 가능성이 희박하다고 보았습니다. 하지만 박종원 박사는 연구를 체계적으로 진행하면서 연구비 문제를 해결했고, 마침내 고속으로 달리는 로봇 개발에 성공했습니다.

*로봇 박사 이야기는 3장으로 이어집니다!

개념 쏙쏙! 중요 용어 한눈에 보기

링크
로봇의 구성 요소 중 하나로 사람의 신체를 이루는 요소에서 뼈에 해당합니다. 뼈가 사람의 형상과 골격을 유지하듯이 링크는 로봇의 형상을 유지합니다. 보통 움직이지 않는 단단한 물질로 이루어져 있습니다.

센서
주위를 인식하거나 로봇의 상태를 파악하는 로봇의 구성 요소를 센서라고 합니다. 로봇이 상황을 판단하고 행동하는 데 중요한 역할을 하지요. 시각, 청각, 후각, 촉각, 미각을 느끼게 해 주는 사람의 눈, 귀, 코, 피부, 혀 등이 로봇에게는 센서인 셈입니다.

액추에이터
로봇에 힘을 제공하여 각 링크를 움직이게 하는 로봇의 구성 요소를 액추에이터라고 합니다. 액추에이터는 사람의 근육에 해당하며, 운동 방식이나 에너지원에 따라 다양한 종류로 나뉩니다.

조인트
사람의 관절이 뼈를 서로 다른 방향으로 움직일 수 있도록 연결하는 부위이듯이 로봇에도 링크가 서로 다른 방향으로 움직일 수 있도록 연결하는 구성 요소가 있는데, 그것이 바로 조인트입니다. 움직이는 형태에 따라 다양한 종류의 조인트가 있습니다.

제어기
로봇을 원하는 방향이나 힘으로 작동하게 하는 장치입니다. 감지된 로봇의 상태나 주위 환경 정보를 바탕으로 로봇이 앞으로 할 작업이나 행동을 제어하지요. 사람의 두뇌와 같다고 할 수 있습니다.

03

달릴 때 필요한
강력한 다리의 힘!

인간의 어떤 탐구도 수학적 증명을 거치지 않았다면
참된 과학이라고 부를 수 없다.

르네상스 시대 예술가이자 과학자, 레오나르도 다 빈치 Leonardo da Vinci

재난 구조 로봇은 어떤 환경에서도 제대로 작동해야 합니다. 때로 빙판 위나 젖은 도로, 심지어 갯벌에서도 임무를 수행해야 하는 경우가 있기 때문입니다. 그렇다면 빙판, 갯벌 등 각각 다른 상황에서 어떻게 해야 로봇이 잘 걷고 달리며 임무를 수행할 수 있을까요? 이는 우리가 직접 그러한 상황에서 걷거나 달린다고 생각해 볼 때 실마리를 찾을 수 있습니다.

왜 갯벌에서는 걷기 힘든 걸까?

운동화를 신고 뛰는 것보다 슬리퍼를 신고 뛸 때 더 힘듭니다. 또 아이스링크와 같은 얼음 위를 뛰는 것이 운동장을 뛰는 것보다 훨씬 힘듭니다. 왜 그럴까요? 바로 마찰력 때문입니다. 슬리퍼를 신었을 때보다 운동화를 신었을 때 마찰력이 크고, 아이스링크와 신발 사이의 마찰력보다 운동장과 신발 사이의 마찰력이 훨씬 큰데요. 이 마찰력이 커질수록 추진력이 커져 뛰는 데 도움이 됩니다. 또 지면에 의한 반작용을 크게 얻을 수 있어 뛰는 게 훨씬 수월해집니다.

그렇다면 혹시 갯벌에서 걸어 본 적 있나요? 걸어 본 적 있다면 표면이 미끄러워서 혹은 갯벌에 푹푹 빠진 다리를 꺼내기 힘들어서 제대로 걷지 못한 경험을 해 보았을 거예요. 왜 갯벌에서 걷는 것이 땅에서 걷는 것보다 더 힘들까요?

갯벌에서는 다리가 푹푹 빠져 걷기가 힘듭니다.

갯벌 표면은 진흙이 다량의 물에 풀어져 있는 상태입니다. 이러면 갯벌 표면의 마찰력이 줄어들어 미끌거리게 돼요. 게다가 지면이 무게를 떠받드는 힘도 부족해집니다. 사람은 중력 때문에 체중이 계속 바닥으로 향하는데, 미끌거리는 갯벌 표면은 사람 체중을 견딜 수 있는 힘이 부족하여 다리가 계속 갯벌 속으로 푹푹 빠지는 거지요. 이뿐만이 아닙니다. 발이 빠진 후에는 갯벌 아래쪽의 진흙이 다리를 감싸는데요. 이 진흙은 물을 머금지 않고 있기 때문에 마찰력이 큽니다. 결국 다리가 갯벌 속으로 빠진 후에는 다리와 진흙 사이의 저항이 커져서 다시 빼내기 어려워져요. 이처럼 갯벌에서는 마찰력이 작아지거나 커지는 복잡한 상황이 반복되어 걷기가 힘듭니다.

지금까지 살펴본 다양한 예들은 모두 마찰력과 중력, 작용-반작용의 원리와 관계 있었습니다. 걷거나 뛰는 것은 마찰력, 중력, 작용-반작용의 원리와 연관되어 있다는 뜻입니다. 마찰력, 중력, 작용-반작용의 원리란 무엇일까요? 사람이 걸을 때 영향을 미치는 이런 힘 혹은 원리는 로봇과 어떤 연관이 있을까요?

물체를 던지면 왜 아래로 떨어질까?

공중으로 뛰어오르려고 점프한 사람이 바로 땅으로 떨어지는 모습을 통해, 실수로 놓친 물건이 바닥으로 떨어지는 모습을 통해 우리는 물체가 아래로 떨어지는 운동을 쉽게 접할 수 있습니다. 모든 물체는 왜 아래로 떨어질까요? 바로 우리 눈에 보이지 않는 '중력'이라는 힘이 작용하고 있기 때문입니다.

중력은 지구 중심 방향을 향하며 물체가 가지고 있는 질량이 클수록 물체에 더 큰 힘을 작용하는 성질이 있습니다. 우리가 땅 위에 서 있을 수 있는 것도 모두 중력 덕분입니다. 중력이 없다면 우리는 우주여행을 하는 우주 비행사들이 비행선 안에서 떠다니는 것처럼 공중을 둥둥 떠다닐 것입니다.

변하지 않는 질량, 언제든 변할 수 있는 무게

'질량'은 무엇일까요? 질량이란 물체가 원래 가지고 있는 어떤 양을 뜻합니다. 장소가 달라져도 변하지 않는 것이 특징이지요. 예를 들어 축구공과 농구공의 질량을 비교하면 농구공의 질량이 더 큽니다. 교실에 있는 책상과 의자의 질량을 비교하면 책상의 질량이 더 크고요. 이렇게 모든 물체는 질량을 가지고 있어서 그 크기를 서로 비교할 수 있습니다.

그런데 위의 설명으로 본 질량은 그동안 우리가 알고 있던 '무게'와 큰 차이가 없는 것 같은데요. 사실 질량과 무게는 엄연히 다릅니다. 그렇다면 질량은 무게와 어떤 차이가 있을까요? 모든 물체는 질량 때문에 아래로 떨어지는 힘, 즉 중력을 받습니다. 질량이 클수록 더 큰 중력을 받고, 이때 물체에 작용하는 중력의 크기를 그 물체의 무게라고 표현합니다. 그래서 같은 장소에 있다면 질량이 큰 물체일수록 중력의 힘을 더 받아 무게도 더 무거워지는 거랍니다.

한편 질량은 장소가 달라져도 변하지 않지만, 무게는 장소가 달라지면 변하는 특징이 있습니다. 중력이 장소에 따라서 달라지기 때문입니다. 예를 들어 같은 질량을 가진 물체라도 적도에서 잰 무게보다 적도가 아닌 곳에서 잰 무게가 더 무겁습니다. 지구는 완벽한 구球 형태가 아니라 적도의 반지름이 더 큰 타원구 모양이기 때문입니다. 적도는 지구 중심과의 거리가 멀어서 다른 곳보다 중력이 약합니다. 그래서 같은 질량이라도 적도에서 더 적은 무게가 나가는 거지요. 또 같은 질량일지라도 땅 위에서와 물속에서의 무게는 다릅니다. 물속에서는 물속에 잠긴 만큼 떠오르려는 힘, 즉 부력이 생겨 중력이 약해지기 때문에 땅 위에서보다 무게가 가벼워지는 겁니다.

무게는 달리기에 어떤 영향을 줄까?

몸무게가 많이 나가는 사람 중에 다리를 빠르게 휘젓거나 달릴 때 무릎이나 발목에 통증을 느껴 힘들어하는 경우가 있습니다. 이때 몸무게를 줄이면 신체 관절에 무리가 덜 가면서 더 편하게 달릴 수 있는데요. 일본에서는 이 사실을 이용해 물속에서도 달릴 수 있는 런닝머신을 개발했습니다. 그런데 이렇게 물속에서 무게를 줄이는 것보다 무게를 더 많이 줄일 수 있는 방법이 있다면 어떤 일이 벌어질까요?

달은 지구에 비해 질량과 반지름이 작기 때문에 중력도 6배 더 작게 작용합니다. 지금 내 몸무게의 6분의 1이 달에서의 무게인 것이지요. 만약 사람 무게를 지구의 6분의 1 정도로 줄일 수 있다면 사람은 물속뿐 아니라 물 위에서도 걸을 수 있습니다. 말도 안 된다고요? 이탈리아의 어느 연구진은 사람이 물 위를 달리는 것이 가능하다고 밝혀 2013년 엉뚱하지만 기발한 아이디어에 주는 상인 이그노벨상 Ig Nobel Prizes[1]을 받았습니다.

> **1 이그노벨상**
> 인류의 발전에 큰 공헌을 한 사람들에게 주는 노벨상에 '불명예스러운'이라는 뜻의 'ig'를 합쳐 만든 이름이다. 재미있거나 엉뚱하거나 기발한 과학 연구를 한 사람들에게 수여한다.

이처럼 사람은 무게가 줄어들면 관절에 무리 없이 달리기를 할 수 있고 심지어 물 위도 달릴 수도 있습니다. 로봇도 사람과 비슷합니다. 로봇의 무게가 가벼우면 로봇 링크와 조인트에 가해지는 충격이 줄어들기 때문에 부담 없이 오랫동안 달릴 수 있고 다리를 더 빠르게 회전시켜 이동할 수 있지요. 한편 로봇이 달리는 데 무게만큼 중요한 요소들이 또 있습니다. 과연 무엇일까요?

사람은 물속에서 무게가 줄어들기 때문에 땅 위에서보다 관절에 무리 없이 달리기를 할 수 있습니다.

© flickr_Endless Pools

힘은 달리기에 가장 중요한 요소!

　육상 선수는 일반 사람보다 다리가 더 굵고 무겁습니다. 그 무거운 다리로 어떻게 빨리 달릴 수 있는 걸까요? 운동으로 적당히 늘어난 다리의 근육이 달리는 힘을 대폭 늘려 주기 때문입니다.

　이처럼 달리기에 필요한 조건은 무게와 근육입니다. 이는 로봇에게도 마찬가지여서 로봇이 달리기 위해서는 가벼운 무게와 함께 강한 액추에이터의 힘이 필요합니다. 하지만 강력한 액추에이터는 무겁기 때문에 로봇의 전체 무게와 액추에이터 힘 사이에 적절한 균형이 필요합니다.

　예를 들어 근육량이 적은 사람은 힘이 부족해서 빨리 달리기 어렵습니다. 반면 강한 힘을 내기 위해 보디빌더처럼 근육량을 필요 이상으로 늘리면 근육 때문에 오히려 몸무게가 늘어나서 빨리 달리기 어렵습니다. 따라서 액추에이터 힘의 크기와 로봇의 전체 무게가 최적의 균형을 이루는 로봇을 설계하는 것은 빠르게 달리는 로봇을 만드는 데 매우 중요한 일입니다.

로봇 박사의 비밀 노트

토크의 크기가 곧 걷는 힘

걷기 위해서는 두 발이 모두 땅에 닿아 있는 상태에서 몸을 앞으로 당기는 과정이 필요합니다. 한편 걷기를 점점 더 빨리하며 다리를 교차하다 보면 두 발이 동시에 공중에 떠 있거나 한 발만 바닥과 붙어 있는 상태가 되는데요. 이 상태를 달리기 중이라고 합니다.

즉, 달리기는 앞쪽 발이 땅에 붙어서 몸통을 앞으로 끌어당기는 과정과 두 발이 모두 공중에 뜬 상태에서 뒤쪽 발을 앞으로 끌어당기는 과정으로 구분할 수 있습니다. 그렇다면 달릴 때 필요한 힘은 어떻게 계산할까요? 바로 토크^{돌림힘}로 계산합니다.

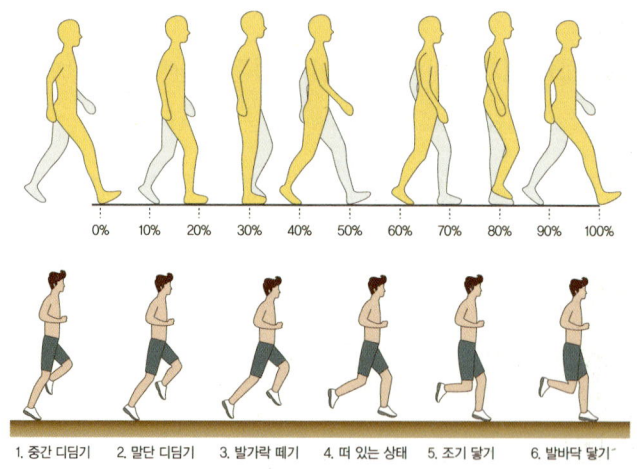

사람이 걷는 과정과 뛰는 과정

모든 물체는 회전하기 위해 토크가 필요합니다. 토크란 물체를 회전시키는 힘을 말합니다. 콜라병 뚜껑을 돌리거나 드라이버를 사용할 때 필요한 힘, 즉 돌리는 데 필요한 힘이 바로 토크입니다. 토크는 힘의 크기와 힘이 작용하는 중심축까지의 거리를 곱해서 나타내요. 예를 들어 1kg·m의 토크라고 한다면, 받침점에서 1m 떨어진 곳에 걸린 1kg의 힘을 뜻합니다.

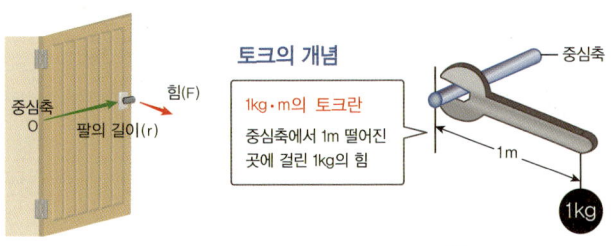

돌림힘T = 팔의 길이r × 힘의 크기F

(단위: N·m)

우리는 지렛대를 이용하여 일상생활에서 쉽게 돌림힘의 원리를 체험할 수 있습니다. 아래 그림에서 사람이 지렛대에 크기가 aF인 돌림힘을 시계 방향으로 작용하면, 지렛대는 물체에 크기가 bw인 돌림힘을 시계 방향으로 작용하여 물체를 움직입니다. 이때 사람이 지렛대에 작용한 돌림힘과 지렛대가 물체에 작용한 돌림힘이 같으므로 aF=bw입니다. 이에 따라 $F=\frac{b}{a}w$가 성립되지요. b에 비해 a의 길이가 길수록 힘F의 크기가 작아지는 것입니다.

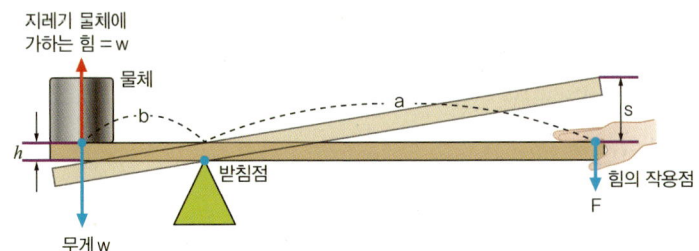

지렛대를 통해 보는 돌림힘의 원리

걷는 데 필요한 힘을 토크로 계산하는 이유는 무엇일까요? 토크는 결국 엔진이나 모터가 순간적으로 낼 수 있는 힘의 크기를 말합니다. 그리고 앞서 말했듯이 로봇의 액추에이터는 대개 엔진이나 모터로 힘을 냅니다. 이 엔진이나 모터에서 만든 힘이 바퀴로 힘을 전달하는 크랭크축을 얼마나 세게 비틀 수 있는지 보여 주는 것이 토크의 크기이지요. 그러니 로봇 다리의 토크가 크면 더 빨리 힘차게 앞으로 나갈 수 있겠지요?

세게 찰수록 더 빠르게 앞으로!

로봇의 무게와 액추에이터의 힘이 같아도 비 내리는 길이나 눈 덮인 길 등 로봇이 걷는 장소에 따라 속력이 달라질 수 있습니다. 그 이유는 무엇일까요?

육상 선수들이 경기 중 출발을 준비할 때 출발선에서 발을 올리고 지탱하는 장치를 본 적 있나요? 수영장에도 비슷하게 생긴 것이 있는데, 이를 스타팅 블록 starting block 이라고 합니다. 선수들은 처음 출발할 때 스타팅 블록을 차는 각도를 배우고 세게 차는 훈련을 받습니다. 그만큼 스타팅 블록이 선수들의 기록 단축에 도움을 주기 때문입니다.

선수들은 스타팅 블록을 세게 차면서 힘의 작용-반작용을 이용하여 더 빠르게 앞으로 나아갑니다. 이때 선수들이 이용하는 힘의 작용-반작용이란 무엇일까요? 다리로 스타팅 블록을 세게 차면 스타팅 블록이 다리가 찬 힘만큼 다리를 밀어 주는데 이것이 힘의 작용-반작용입니다. 즉, A가 B에 힘을 작용하면 B도 같은 크기로 반대 방향의 힘을 A에게 작용한다는 원리입니다. 이 원리는 두 물체 사이에서 항상 상호 작용하고 있습니다.

스타팅 블록을 찰 때뿐만 아니라 달리기를 할 때에도 작용과 반작용이 적용됩니다. 스타팅 블록을 발로 차는 것처럼 매 순간 다리로 땅을 밀 때 땅도 다리를 밀기 때문입니다. 그런데 땅이 진흙으로 되어 있다면 다리로 아무리 세게 땅을 밀어도 스타팅 블록과 달리 고정되지 않고 움직이는 진

달릴 때 이용되는 작용-반작용

흙 때문에 다리가 땅에 준 힘이 분산됩니다. 즉, 땅이 다리를 제대로 밀어주지 못하는 거지요. 그래서 우리는 갯벌과 같이 딱딱하지 않은 땅의 표면에서 빠르게 앞으로 달려 나갈 수 없습니다.

일상에서도 작용-반작용의 예를 쉽게 찾을 수 있습니다. 친구들과 손뼉치기 놀이를 하면 손이 부딪치는 순간 뒤로 밀려나는 것을 느낄 수 있어요. 친구의 손뼉을 칠 때 내가 주는 힘만큼 손뼉도 나를 밀어내기 때문입니다. 또 길을 걸어가다가 사람과 부딪쳤을 때 한 사람만 아픈 것이 아니라 두 사람 모두 아픈데요. 이 현상도 작용-반작용의 원리 때문입니다.

이러한 작용-반작용 원리는 달리는 로봇에게도 그대로 적용됩니다. 로봇이 달릴 때 땅을 밀어내는 힘, 땅의 상태 등에 따라 반작용력이 달라지는 겁니다. 그래서 로봇은 매 순간 적절한 수준의 작용력을 만들어 균형을 잡으면서 달려야 합니다.

스타팅 블록을 찰 때에도, 달리기를 할 때에도 작용-반작용의 원리가 적용됩니다.

쇼 미 더 로봇

누구나 우사인 볼트처럼 빨리 달릴 수 있다면?

세상에서 가장 빠른 사나이인 육상 선수 우사인 볼트는 달릴 때 순간 최고 속도가 시속 44.64km에 달할 정도로 빨라 '총알 탄 사나이'라고도 불립니다. 그런데 보통 사람도 우사인 볼트처럼 빠르게 달릴 수 있는 방법이 생겼다고 합니다. 바로 미국에서 발명된 '바이오닉 부츠 bionic boots' 덕분입니다.

미국 샌프란시스코 출신의 카호헤 시모어 Keahi Seymour 라는 발명가가 개발한 이 바이오닉 부츠를 신으면 보통 사람도 시속 40km

타조의 아킬레스건 관절을 모방한 바이오닉 부츠
ⓒ flickr_bionicboot

대까지 속력을 낼 수 있다고 합니다. 멧돼지나 버팔로가 달리는 것과 비슷한 속력입니다.

바이오닉 부츠는 육상에서 가장 빠른 두 발 동물인 타조의 아킬레스건 관절 형태를 모방한 발명품입니다. 원래 카호헤 시모어는 열두 살 때 캥거루가 아킬레스건을 스프링처럼 이용해서 뛰어다닌다는 사실을 알고 캥거루의 점프 방식을 모방한 기기를 만들어야겠다고 생각했는데요. 타조의 걸음걸이가 캥거루보다 더 인간과 닮아 있다는 걸 알고 난 후 타조를 모델로 부츠를 설계했습니다.

바이오닉 부츠는 일반인들이 발명한 과학 창작물을 전시하는 행사인 2014 메이커 페어 박람회에 처음 공개되었으며, 더 빠른 속도로 달릴 수 있게 꾸준히 개발되고 있습니다.

운동을 방해하는 힘, 마찰력

마찰력은 접촉하고 있는 두 물체 사이에서 미끄러짐이 발생할 때 미끄러짐을 방해하는 방향으로 발생합니다. 눈 쌓인 길이나 빙판 등은 미끄러짐을 방해하는 힘인 마찰력이 적기 때문에 걷기 힘들고 자꾸만 미끄러지는 거지요. 한편 무거운 물체를 옮기거나 빠른 속도가 필요한 상황에서는 마찰력을 가능한 한 작게 하려고 합니다.

마찰력을 없애려면?

이집트에는 고대 국왕, 왕비, 왕족의 무덤으로 지어진 건축물인 피라미드가 있습니다. 하나에 2톤 이상 되는 돌을 수백만 개씩 쌓아서 만들었기 때문에 오랫동안 신비로운 건축물로 알려져 왔지요. 피라미드를 이루는 돌 하나의 무게는 중형 승용차 한 대의 무게보다 무겁습니다. 게다가 바퀴가 지면과 닿아 있는 자동차와 달리 피라미드의 돌은 평평한 면이 지면과 닿아 있어 옮기기가 더 어려웠을 텐데요. 어떻게 이 돌들을 옮겨 피라미드를 완성했을까요? 당시 이집트 사람들은 크고 바닥이 평평한 돌들을 옮기기 위해 흙으로 된 경사로를 만들고, 돌 아래에 동그란 통나무를 넣어 마찰력을 줄였다고 합니다. 마찰력은 접촉면의 모양에 따라 그 성질이 달라지기 때문입니다.

피라미드의 석재[2]처럼 접촉면이 평평한 경우, 물체의 무게와 그 표면이 어떤 재료로 되어 있는지에 따라 마찰력이 달라집니다. 이때 작용하는 마찰력을 '정지 마찰력'이라고 하지요. 반면 통나무나 바퀴처럼 접촉면이 동그란 형태인 경우 물체의 무게, 표면의 재료, 바퀴가 회전하는 속도에 따라 마찰력이 달라지며, 이때 작용하는 마찰력을 '구름 마찰력'이라고 부릅니다.

| **2 석재** |
| 돌로 된 재료. |

같은 무게, 같은 재료의 물체라면 접촉면의 모양이 원형일 때 마찰력이 더 작게 발생합니다. 그래서 옛날에는 무거운 물체를 옮길 때 물체 아래에 통나무를 끼워 굴리며 이동시켰습니다. 피라미드 석재를 옮겼던 것처럼 구름 마찰력을 이용한 것이지요. 그리고 그것이 발전하여 오늘날의 바퀴가 되었습니다. 구름 마찰력은 자전거, 자동차, 로봇 등 여러 곳에 적용되고 있습니다.

원형 바퀴를 사용하는 것 외에 표면의 재질을 바꾸어 마찰력을 줄이는 방법도 있습니다. 그런데 표면 재질을 바꾸는 것이 불가능하다면 어떻게 해야 할까요? 더 잘 미끄러질 수 있도록 두 물체 사이에 물이나 기름 등을 흘려보낼 수 있습니다. 운동장에 있는 일반 미끄럼틀보다 물 미끄럼틀을 탈 때 속도가 더 빠른 이유도 여기에 있어요. 물 미끄럼틀에서는 사람과 미끄럼틀 바닥 사이의 물 때문에 마찰력이 줄어 일반 미끄럼틀보다 더 잘 미끄러져 내려갑니다.

로봇이 작동할 때에도 당연히 불필요한 마찰력이 발생하겠지요? 특히 로봇에는 여러 개의 기어 gear³가 연결되어 회전하는 부분이 많은데, 이 기어들이 빠른 속도로 회전할 경우 회전하면서 발생하는 구름 마찰력이 커지는 문제가 있습니다. 그래서 기어가 있는 부분을 기름에 담그거나 기어가 맞닿아 있는 부분에 기름을 발라서 빠른 속도로 회전하더라도 마찰력이 작게 발생되도록 합니다. 마찰력이 작아져야 기어가 부드럽고 소음 없이 회전할 수 있기 때문입니다.

3 기어
로봇을 구성하는 수많은 부품 중 하나로 회전하는 힘을 전달하기 위해 사용하는 장치. 원통의 표면에 울퉁불퉁 돌기가 나 있는데 이 돌기를 이용하여 두 개의 기어가 맞물려 돌아간다.

마찰력을 작게 하는 경우

마찰력이 필요할 때는 언제일까?

반대로 오히려 마찰력을 크게 만드는 경우가 있는데, 자동차의 타이어가 대표적인 예입니다. 자동차 타이어를 살펴보면 여러 가지 모양으로 홈이 나 있는 걸 발견할 수 있어요. 자동차가 비 오는 도로를 달릴 때 이 홈으로 물이 빠져나가면서 타이어 표면에 수막이 생기지 않아 타이어와 지면 사이의 마찰력이 유지되는 거지요. 만약 자동차 타이어에 홈이 없다면 어떻게 될까요? 비나 눈이 오는 도로를 주행할 때 타이어 표면에 얇은 수막이 생기면서 마찰력이 줄어들어 속도를 통제하기 어려워지고, 사고 위험이 높아질 것입니다.

자동차 타이어처럼 욕실 실내화에도 홈이 있습니다. 또 욕실 실내화는 일반 실내화와 달리 물에 젖어도 금방 마르는 소재를 써서 항상 물에 젖어 있는 욕실에서도 쉽게 미끄러지지 않고 걸어 다닐 수 있게 해 줍니다.

지하철보다 더 빠르게 이동하는 기차는 날씨에 상관없이 마찰력을 유지하기 위해 특별한 방법을 사용합니다. 레일을 따라 달리는 기차의 바퀴는 철로 제작하거나 철 위에 타이어와 같은 고무를 덧씌워 만드는데요. 가능한 한 많은 사람과 짐을 싣고 운행해야 하기 때문에 기차는 일반적으로 고무를 씌우지 않는 철 바퀴를 사용합니다. 철 바퀴 위에 고무를 덧씌울 경우 바퀴의 모양이 쉽게 변형되고 마모도 잘되기 때문입니다. 그런데 철 바퀴는 고무를 씌운 바퀴보다 마찰력이 훨씬 작다는 단점이 있어요. 미끄러질 위험이 많다는 것이지요. 그래서 이러한 문제를 해결하기 위해 기차 레일에 모래를 뿌려 마찰력을 높이고 있습니다. 이 모래는 기차의 무거운 무게로 먼지처럼 부서지거나 바람에 의해 날아가 평소에는 잘 보이지 않지만, 눈이 오는 날에는 그 흔적을 쉽게 찾아볼 수 있습니다.

우리는 등산할 때 산길에서 미끄러지지 않기 위해 등산화를 신지요? 사람처럼 로봇도 미끄러지지 않으려고 신발을 신을 때가 있습니다. 조지아 공과대학교에서 개발한 2족 보행 로봇 두러스Durus가 바로 그 주인공입니다. 두러스는 무릎이 굽혀지는 각도와 방향, 발바닥 모양이 아치형이라는 점이 사람과 매우 비슷합니다. 아치형 발바닥을 이용해 발뒤꿈치로 땅을 딛고 발가락으로 땅을 차는 방식으로 걷지요. 아치형 발바닥을 가진 로봇은 평발 로봇보다 더 멀리, 더 빠르게 걸을 수 있다는 장점이 있습니다. 하지만 두러스는 이 발바닥만으로는 제대로 걷기가 힘들었습니다. 땅과의 접촉 면적이 적을 뿐만 아니라 미끄러짐 현상이 있었기 때문입니다. 땅과 마찰하는 면적을 넓혀 주면서 마찰 효율도 높이기 위해 선택한 것이 바로 신발입니다. 사람처럼 신발을 신은 뒤 두러스는 이전보다 안정적으로 걷게 되었습니다.

마찰력을 크게 하는 경우

생각 더하기

치타 발톱과 달리기

지상에서 가장 빠르게 달리는 치타

치타는 육상동물 중 가장 빠른 동물입니다. 어떻게 치타는 지상에서 가장 빠르게 달릴 수 있을까요? 작고 가벼운 머리, 가늘고 긴 몸통과 다리, 큰 심장과 폐, 유연한 척추 등 여러 가지 이유가 있지만, 완전하게 집어넣지 못하는 발톱도 하나의 이유입니다.

사자, 호랑이, 고양이 등 치타와 같은 고양잇과 포유류는 발톱을 살점 안에 완벽하게 숨길 수 있습니다. 하지만 유일하게 치타만 발톱을 완벽하게 움츠려 넣을 수 없습니다. 그래서 치타는 평소에 발톱이 일부 드러나 있는데 이런 신체 구조가 치타를 더 빠르게 달릴 수 있도록 해 줍니다. 완전하게 집어넣지 못한 발톱이 운동선수들이 신는 스파이크 슈즈와 같은 역할을 하기 때문입니다. 즉 치타의 발톱이 땅과의 마찰력을 크게 만들어 치타가 땅을 강하게 밀 수 있게 해 주며, 동시에 땅으로부터 큰 반작용력도 얻게 되어 치타는 더 빠르게 달릴 수 있습니다.

Q1 갯벌 로봇을 만든다면, 치타 발톱이 가진 기능을 어떻게 적용시킬 수 있을까요?

세상에서 가장 빠른 로봇을 만든 **로봇 박사 이야기** ❸

달리는 로봇의 강력한 다리 힘!
달리는 로봇을 만들기 위한 좌충우돌 시행착오

　빨리 달리는 로봇이 다리는 바닥으로부터 큰 힘을 받게 됩니다. 빨리 달리려고 바닥에 큰 힘^{작용력}을 보내면 작용-반작용의 원리에 의해 바닥에서 받는 힘^{반작용력}도 커지기 때문입니다. 그래서 빨리 달리기 위해 무작정 다리만 빠르게 움직이면 결국 다리는 힘을 견디지 못하고 부러질 수 있습니다.

　달리는 로봇 랩터는 개발 초기에 다리를 금속으로 만들었습니다. 느리게 달릴 때 랩터의 다리는 큰 무리 없이 잘 작동했어요. 하지만 속도가 올라갈수록 바닥에서 점점 더 큰 힘을 받았고, 시속 20km 부근에서 결국 다리가 부러져 버렸습니다. 몇 번의 재도전을 했지만 비슷한 상황이 계속되었고, 랩터 다리의 전반적인 형태와 재질을 변경하지 않고서는 속도를 더 올릴 수 없다는 걸 깨달았습니다.

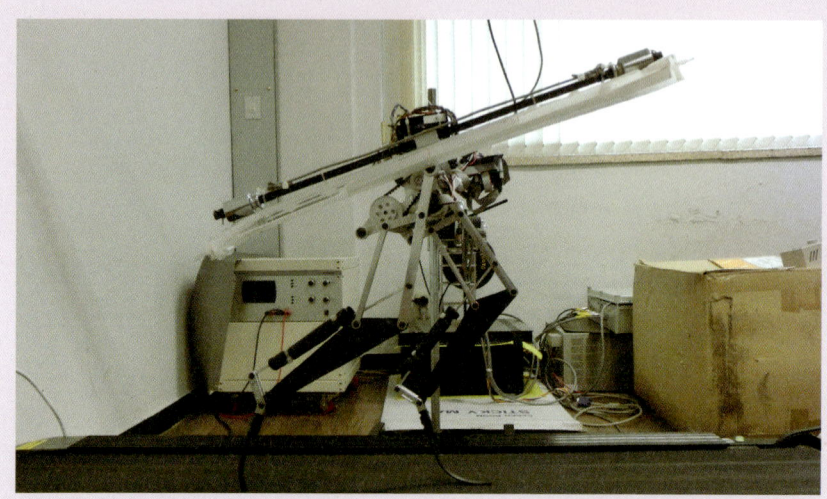

빠른 속도에서도 충격을 견디는 랩터

　박종원 박사는 다리에 가해지는 충격을 줄이고 빠른 속도에서도 안정적으로 달리는 다리를 개발하기 위해 자동차의 서스펜션^{suspension} 장치와 같은 충격 흡수 장치를 개발했습니다. 또 가벼우면서 충격에 강하도록 금속 대신 탄소섬유로 다리를 다시 만들었습니다.

　이렇게 연구한 결과 박종원 박사는 시속 40km 이상에서도 거뜬히 충격을 견디는 가벼운 로봇 다리를 만들었답니다.

*로봇 박사 이야기는 4장으로 이어집니다!

개념 쏙쏙! 중요 용어 한눈에 보기

마찰력   접촉하고 있는 두 물체 사이에서 미끄러짐이 발생할 때 미끄러짐을 방해하는 힘도 생기는데 이를 마찰력이라 합니다. 따라서 마찰력은 움직이는 방향의 반대 방향으로 작용합니다.

무게   물체에 작용하는 중력의 크기를 그 물체의 무게라고 합니다.

작용-반작용   뉴턴의 운동 법칙으로, A 물체가 B 물체에 힘을 가하면(작용) B 물체 역시 A 물체에 똑같은 크기의 힘을 가한다는 것(반작용)을 의미합니다.

중력   모든 물체는 지구 중심 방향을 향해 아래로 떨어지는 힘을 받고 있는데 이 힘을 중력이라고 합니다. 중력은 질량이 클수록 더 큰 힘으로 작용합니다.

질량   물체가 원래 가지고 있는 어떤 양을 뜻합니다. 장소가 달라져도 변하지 않는 것이 특징입니다.

토크   물체를 회전시키는 힘을 말합니다. 토크의 크기는 힘의 크기와 힘이 작용하는 중심축까지의 거리의 곱으로 결정됩니다. 예를 들어 지렛대에서의 토크의 크기는 받침점부터 물체까지 떨어진 거리와 물체의 무게를 곱하면 됩니다.

04

달리기의 수학

과학은 설명하려고 노력하지 않는다.
과학은 해석하려고 들지도 않는다. 과학은 주로 모델을 만든다.
그 모델이란 언어적 해석이 가미된 것으로 관찰된 현상을
묘사하는 수학적 건물이라고 할 수 있다.

헝가리 출신의 미국 수학자 · 물리학자이자 컴퓨터 발명가, 존 폰 노이만 John von Neumann

100m를 5.2초 만에 달리는 타조는 걷는 속도부터 매우 빠릅니다. 그러나 새끼 타조는 그만큼 빠르게 달리지 못합니다. 어미 타조가 한 걸음을 걸을 때, 새끼 타조는 몇 걸음을 뛰어야 하지요. 어미 타조와 새끼 타조의 걷는 속도에 차이가 생기는 이유는 무엇일까요? 다리 길이가 다르기 때문입니다. 어미 타조는 긴 다리로 성큼성큼 빠르게 걷고, 새끼 타조는 어미 타조보다 다리가 짧으니 종종걸음으로 어미 타조를 쫓아 뛰게 됩니다. 이렇게 다리 길이는 속도와 걸음걸이에 영향을 미칩니다.

그렇다면 로봇공학자들은 로봇을 만들 때 로봇의 속도와 걸음걸이를 어떻게 정할까요?

로봇의 움직임을 예측해 주는 수학적 모델링

친구와 캐치볼을 할 때 친구가 던진 공을 잡으려면 어떻게 해야 할까요? 먼저 던져진 공의 궤도를 관찰하고 분석한 뒤 공이 있을 위치를 예측하는 과정이 필요합니다. 그래야만 공이 올 위치에 손을 뻗어 공을 잡을 수 있기 때문입니다.

로봇의 움직임을 분석하는 것 역시 예측하는 과정이 필요합니다. 그런데 실제 환경에서 로봇의 움직임에 영향을 주는 모든 요소를 고려하는 일은 매우 복잡합니다. 따라서 보다 간략화된 모델링을 세워 이를 분석하며

공을 잡으려면 공의 움직임을 관찰하고 분석하여 공이 올 위치를 예측하는 과정이 필요합니다.

로봇의 움직임을 예측해야 합니다.

여기서 '간략화된 모델링'이란 무엇일까요? 야구공을 예로 들어 설명하겠습니다. 실제 야구공은 실밥과 가죽 모양의 영향으로 완벽한 구형이라고 할 수 없어요. 그러나 이를 간략화하면 일정한 반지름을 가진 완벽한 구 형태로 모델링할 수 있습니다. 여기서 더욱 간략화하면 야구공을 하나의 점 질점[1]까지 모델링할 수 있지요. 모양뿐만 아니라 야구공에 가해지는 공기 저항력을 약화시키거나 아예 고려하지 않는 것도 모델링을 간략화하는 것에 포함됩니다.

모델링을 간략화하는 이유는 무엇일까요? 복잡하고 정밀한 모델로는 더욱 정확한 분석을 할 수 있다는 장점이 있지만, 그만큼 계산 시간이 오래 걸린다는 단점도 있기 때문입니다. 그런데 수학적으로 간략하게 모델링한 결과가 실제 물체와 맞아떨어진다면 단순 계산을 통해 물체의 움직임을 예측할 수 있습니다. 다시 야구공으로 예를 들어 볼게요. 우주 공간에서 초속 3m의 속도로 야구공을 던진다고 가정합시다. 일단 우주 공간이기 때문에 중력과 공기 저항력을 무시한 모델을 세울 수 있으며, 관성[2]에 의해 야구공이 동일한 속도로 멈추지 않고 직선으로 나아갈 것임을 예상할 수 있습니다. 그리고 이 수학적 모델링의 결과가 실제 물체와 들어맞는다고 가정한다면, 10초 뒤 야구공은 30m 떨어진 지점에 위치할 것이라고 어렵지 않게 예상할 수 있습니다.

그렇다면 이러한 수학적 모델링을 달리는 로봇에 어떻게 적용할 수 있

1 질점
모델링을 할 때 물체를 간략하게 표현하기 위해서 부피가 없는 점으로 표현하는 것. 물체의 질량은 모델링의 대상과 같지만 부피가 없는 점으로 표현하여 물체의 회전운동을 생략할 때 사용한다.

2 관성
물체가 외부에서 힘을 받지 않는 한 처음 했던 운동 상태를 유지하려는 성질.

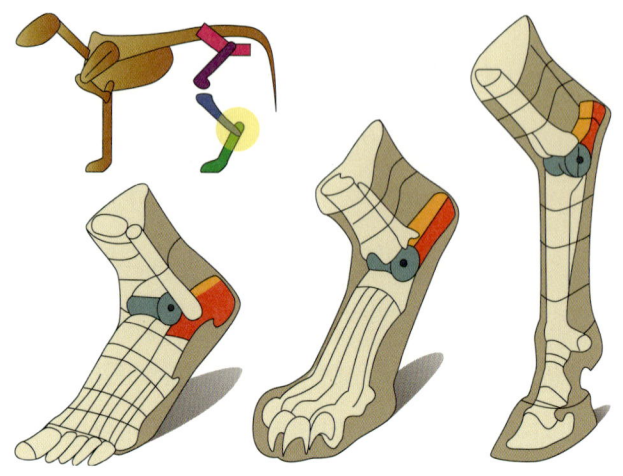

사람, 개, 말의 다리 모델링

을까요? 우선 동물 다리 모양의 공통점을 찾아야 합니다. 예를 들어 사람, 개, 말의 다리는 각각 다르게 생겼지만 뼈와 관절의 연결 방식은 비슷합니다. 즉, 길이와 위치는 모두 조금씩 다르지만 움직이는 형태나 생긴 모양은 매우 비슷하지요. 이렇게 달리는 동물들의 다리에서 공통점을 찾았다면 질량중심[3], 링크, 조인트를 생각하여 서로 다른 모습의 다리들을 간단하게 표현합니다. 동물 다리의 간략한 모델링이 완성된 것인데요. 이처럼 서로 다른 모습을 가진 동물들의 다리를 간략하게 모델링하면 각 동물들이 움직이는 공통의 원리를 발견할 수 있습니다. 그다음 이 원리를 로봇에 적용하는 것이지요.

3 질량중심
물체 전체 질량의 중심점.

거꾸로 뒤집어 놓은 시계추 같은 역진자 모델

사람처럼 두 발로 움직이는 로봇을 만들기 위해서는 사람이 걷는 모습을 로봇에 구현해야 하는데요. 사람이 걸을 때 다리의 움직임은 어떨까요?

다음 118쪽의 그림을 통해 걷는 사람의 한 발이 움직이는 형상을 보면, 발은 고정되어 있는 상태에서 엉덩이의 위치가 앞뒤로 움직인다는 걸 확인할 수 있습니다. 이를 더 쉽고 간단하게 나타내면 마치 움직이는 시계추를 거꾸로 뒤집어 놓은 모습과 비슷합니다. 즉, 진자가 뒤집어진 형태인 역진자 모델 inverted pendulum 로 표현한 것과 같아요. 진자란 줄 끝에 추를 매달아 좌우로 왔다 갔다 하게 만든 물체로, 시계추 혹은 그네 타는 사람을 떠올리면 이해하기 쉽습니다.

이렇게 근육과 뼈로 복잡하게 구성된 사람 다리의 움직임은 직접 센서를 달아 확인할 수도 있습니다. 하지만 여러 개 부착해서 일일이 측정해야 하는 센서의 특성상 오히려 측정값이 부정확할 수 있다는 단점이 있어요. 반면 간략하게 수학적 모델링을 한다면 센서보다 정확하고 저렴한 비용으로 움직임을 예측할 수 있습니다.

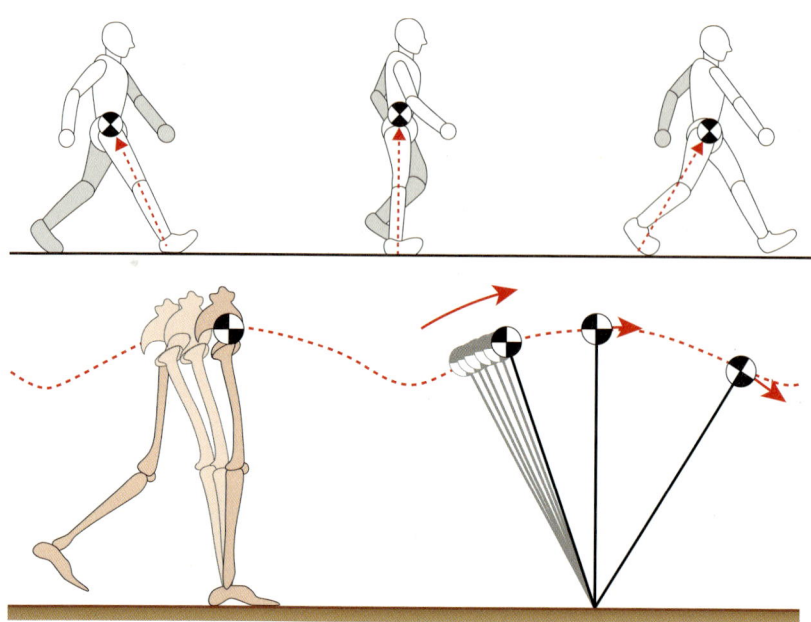

걷는 사람을 간략화한 역진자 모델

    그렇다면 사람이 달릴 때 움직임은 어떨까요? 조인트와 링크에 의한 움직임으로 간략화해서 보면 엉덩이 위치가 뛸 때 올라가고, 발을 땅에 디딜 때 내려간다는 걸 알 수 있습니다. 달리는 사람의 모습을 초고속 카메라로 촬영하면 정말 엉덩이가 위아래로 요동치는 걸 확인할 수 있어요. 바퀴를 이용해 달리는 자동차가 직선으로 주행하는 것과 달리 사람은 다리의 움직임으로 달리기 때문에 이런 차이가 나타납니다.

    달리는 사람의 모습도 역진자 모델로 표현할 수 있습니다. 단, 걸을 때

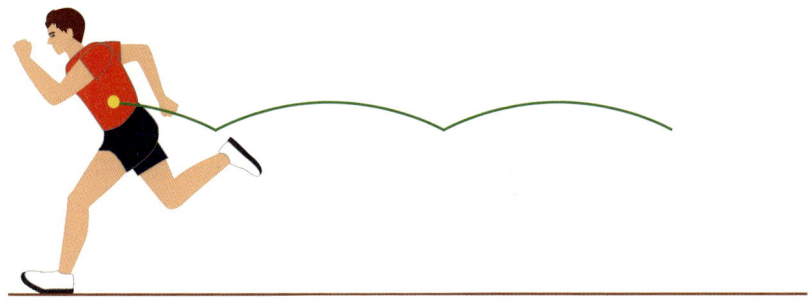

달릴 때 엉덩이 위치의 변화

와 달릴 때 다리가 구부러지는 각도나 엉덩이의 위치가 다르기 때문에 움직임 표현에 차이가 있습니다. 그렇다면 달릴 때 엉덩이 관절의 위치가 위아래로 출렁이는 움직임은 역신자 모델로 어떻게 나타낼 수 있을까요? 스프링을 가진 다리 링크가 충격을 받았을 때 스프링이 움츠러들었다가 늘어나는 것처럼 표현할 수 있습니다.

    사람처럼 족형 로봇도 달리는 동안 일어나는 무게중심 변화를 피할 수 없습니다. 게다가 무게중심의 높낮이 변화는 앞으로 나아가는 데 써야 할 에너지의 일부를 무게중심을 높이는 데 활용하게 만듭니다. 그만큼 많은 에너지를 소모한다는 걸 의미하지요. 달리는 중에 무게중심이 변하지 않으려면 자동차처럼 바퀴를 장착하는 수밖에 없어요. 따라서 더 효율적으로 달리는 로봇을 제작하려면 달리는 중에 무게중심 변화의 폭이 크지 않은 로봇을 설계하는 것이 유리합니다.

물론 사람 다리는 무릎과 발목 관절 등 다양한 변수가 존재하기에 역진자 모델로 완벽히 설명될 수 없습니다. 하지만 간략화된 모델링을 통해 어느 정도 필요한 값을 유추할 수 있으며 더 정밀한 예측 결과를 원한다면 더 정밀한 모델링을 적용하면 됩니다. 모델링 분석을 통해 유추된 결과는 로봇 제어에 활용되어 전략을 세우는 데에도 이용할 수 있습니다.

　이렇듯 수학에 대한 이해와 로봇의 수학적 모델링은 로봇 제작과 제어를 위한 강력한 도구입니다. 로봇 연구에 필수인 수학을 자유자재로 활용하기 위해서는 많은 노력이 필요하겠지요?

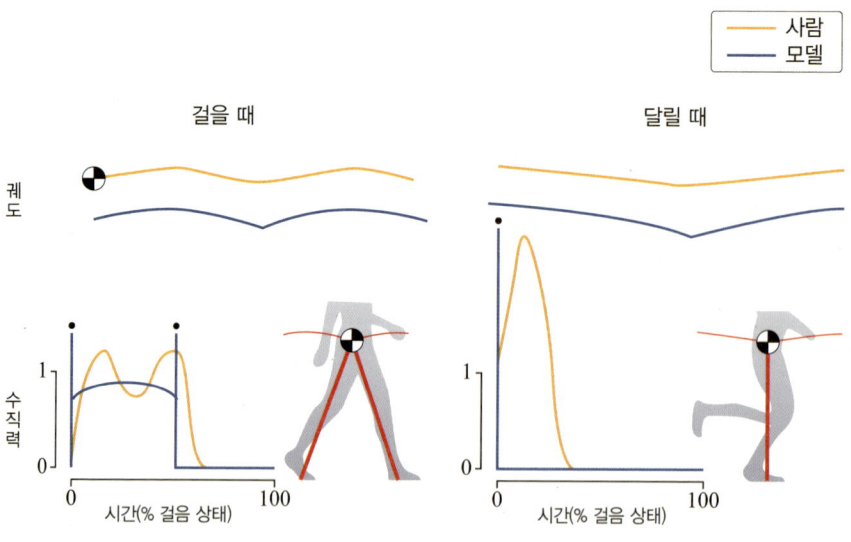

걸을 때와 달릴 때 무게중심 높이 변화 차이

로봇 박사의 비밀 노트

긴 다리를 빠르게 휘저을수록 빨리 달릴 수 있어

놀이공원에서 회전목마나 회전 바구니와 같은 놀이 기구를 타 본 적 있나요? 이들은 진자와 마찬가지로 한 축을 중심으로 회전하는 원운동을 이용한 놀이 기구입니다. 이 기구들을 간단한 원운동 모델로 표현하면 다음 그림과 같습니다.

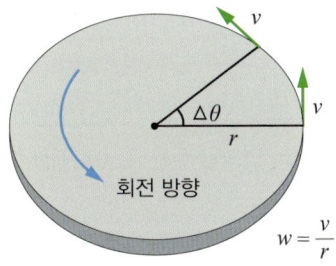

원운동 모델

원운동을 수학적으로 표현하기 위해서는 '각속도'라는 물리적 개념을 알아야 합니다. 속도가 같은 시간 동안 얼마나 먼 거리를 이동했는지 보여 주는 것이라면, 각속도는 같은 시간 동안 얼마나 많은 각도를 돌았는지 보여 주는 물리적 개념이지요. 다시 말해 일정 시간 동안 회전한 각도를 뜻합니다.

놀이 기구인 회전 바구니에서 시원한 바람을 느낀다는 것은 땅에 서 있는 사람보다 더 빠르게 움직인다는 것을 의미하는데요. 더 시원한 바람을 느끼고 싶다면 어떻게 해야 할까요? 이를 위해 두 가지 방법이 가능합니다.

- **회전 바구니를 더 빠르게 돌리는 방법:** 회전 바구니가 가만히 서 있을 때는 바람을 전혀 느낄 수 없지만 회전 바구니가 빨리 돌수록 머리카락이 더 세게 휘날리는 걸 느낄 수 있습니다.

- **회전 바구니의 가장자리로 이동하는 방법:** 이론적으로 회전 바구니가 아무리 빨리 돌아도 그 중심에서는 전혀 바람을 느낄 수 없습니다. 하지만 가장자리로 갈수록 더 시원한 바람을 느낄 수 있습니다.

이를 종합하여 물리적인 개념으로 표현하면, 원운동의 속도를 높이기 위한 두 가지 방법으로 이해할 수 있습니다.

1. 각속도를 크게, 즉 원이 회전하는 속도를 높이는 방법
2. 중심에서 멀어지도록 원의 반지름을 크게 하는 방법

이 두 가지는 속도에 정비례하는 영향을 주는데, 수학적으로 표현하면 다음과 같습니다.

$$속도^v = 반지름^r \times 각속도^\omega$$

여기서 속도는 1초에 몇 m를 이동하는지$^{m/sec}$이며, 반지름은 길이 단위^m, 각속도는 1분에 몇 바퀴를 도는지$^{rpm=rev/min}$입니다.

그럼 이제 이 공식을 달리는 로봇의 역진자 모델에 적용해 보겠습니다. 역진자는 바닥에 있는 축을 중심으로 회전하는 원운동입니다. 역진자가 표현하는 달리기의 움직임 구간 역시 발을 중심으로 회전하는 움직임이지요. 이때 로봇이 달리는 속도^{v}는 엉덩이 관절부터 발끝까지의 길이^{r}와 다리를 휘젓는 속도, 즉 각속도$^\omega$에 비례합니다. 그렇다면 로봇이 더 빨리 달리게 하기 위해서는 어떻게 해야 할까요? 다리를 휘젓는 속도$^\omega$를 크게 하거나 원의 반지름이라 할 수 있는 다리의 길이^{r}를 길게 하면 됩니다.

100m 세계 기록 보유자인 우사인 볼트와 기린 중 누가 더 빠를까요? 정답은 기린입니다. 다리를 휘젓는 속도$^\omega$는 우사인 볼트가 더 빠르지만, 기린의 다리^{r}가 압도적으로 길어서 기린이 우사인 볼트보다 더 빠르다고 할 수 있지요. 실제로 우사인 볼트의 100m 단거리 최고 기록은 9.58초, 기린은 7.1초로 그 차이가 꽤 큽니다.

휴머노이드 개발은 정확한 모델링부터

수학적 모델링이 완료된 로봇은 '3D CAD'라는 프로그램으로 시뮬레이션이 가능합니다. 시뮬레이션이란 무엇일까요? 실제 상황을 가상의 공간이나 모형을 통해서 실험하고, 그 실험 결과를 의사 결정에 활용하는 것을 뜻합니다. 즉, 현상이나 사건을 가상으로 수행해서 실제 상황의 결과를 예측하는 거지요. 예를 들어 자동차 엔진의 동작을 시뮬레이션해 본다면 최적의 설계를 하는 데 도움이 될 수 있습니다.

수학적 모델링과 시뮬레이션을 거쳐 만들어진 대표적인 로봇으로 2족 보행 휴머노이드인 아시모ASIMO가 있습니다. 아시모는 일본의 혼다사가 개발한 세계 최초의 2족 보행 로봇입니다. 아시모라는 이름은 Advanced Step in Innovative Mobility의 약자로, '새로운 시대로 진화한 혁신적인 이동성'이라는 뜻이라고 해요. 이름의 의미대로 아시모는 자유롭게 걸을 수 있으며 계단 오르내리기, 빙빙 돌기, 춤추기까지 가능합니다.

모델링이 정확할수록 시뮬레이션 결과는 실제를 잘 반영합니다. 또 정확한 시뮬레이션은 로봇 제작에 드는 시간적·경제적 비용을 줄이며, 길이와 질량 등의 정보를 바꾸어 가며 최적의 디자인을 수행하는 데 도움을 줍니다. 그만큼 로봇을 만들 때 수학적 모델링이 참 중요하다는 뜻이겠지요?

쇼 미 더 로봇

사람처럼 달리고 공중제비 돌기까지?
휴머노이드 로봇의 진화

점점 진화하는 아틀라스

© flickr_Joseph Roman

  미국의 대표적인 로봇 제조 업체인 보스턴 다이내믹스사는 2013년, 휴머노이드 로봇 아틀라스 Atlas 를 처음 공개했습니다. 이때 아틀라스는 동력케이블에 의지한 채 한쪽 다리로 균형을 잡거나 천천히 걸을 수 있는 수준이었습니다. 하지만 5년 동안 끊임없는 연구 끝에 눈부시게 진화해 이제 공중제비 돌기, 조깅 등 더욱 다양하고 현란한 동작들을 할 수 있게 되었습니다. 2013년형 아틀라스는 키 180cm, 무게 150kg이었는데 2018년형 아틀라스는 키 150cm에 무게 81kg으로 훨씬 아담해지고 가벼워졌으며, 관절도 28개로 늘어나 다양한 동작이 가능해진 겁니다.

원래 아틀라스는 미 국방고등연구사업국에서 자금 지원을 받아 수색이나 구조 작업에 투입될 수 있는 로봇을 만들자는 목표로 개발이 시작되었습니다. 하지만 2013년 첫 시연 후 다르파 로보틱스 챌린지에 나온 아틀라스는 그 기대를 채워 주지 못했습니다.

하지만 아틀라스는 2015년부터 조금씩 진화하기 시작했습니다. 처음엔 서 있는 것조차 버거웠던 이 로봇이 자갈밭과 산길을 걸을 수 있게 되었으며, 2016년에는 짐을 들어 올리거나 종이를 집어 올리고 빗자루, 진공청소기 등 작업 도구를 서툴게 다루기 시작한 것입니다. 또 눈길을 걷고, 넘어져도 다시 일어났으며, 닫힌 문을 열고 나가기까지 했습니다. 2017년형 아틀라스는 여기서 더 진화하여 발판 건너뛰기, 제자리에서 180도 방향 틀기, 공중제비 돌기의 현란한 개인기를 선보였습니다. 그리고 2018년에는 경사진 지형에서 사람처럼 가볍게 뛰어다니는 아틀라스의 모습이 공개되었습니다.

2족 보행 휴머노이드 로봇은 4족 보행 로봇에 비해 균형을 잡기기 어렵습니다. 그럼에도 인간이 계속 자신을 닮은 휴머노이드 로봇을 개발하려는 이유는 인간이 접근하기 어렵고 위험한 곳에 대신 투입시켜 능숙하게 일을 처리하도록 하기 위함입니다. 아직 걷는 것도 불완전한 휴머노이드 로봇이지만 걷는 것을 넘어 그다음 과제인 손동작까지 정밀해진다면 로봇이 할 수 있는 일은 무궁무진해질 것입니다.

생각 더하기

테오 얀센 모델

로봇의 다리는 조인트와 링크 등 다양한 변수에 따라 그 움직임이 달라집니다. 따라서 로봇공학자들은 여러 조건에 따라 바뀌는 다리의 움직임을 미리 확인하기 위해 다리 시뮬레이션을 꼭 하는데요. 이때 사용하는 가장 기초적인 시뮬레이션 모델인 '테오 얀센 모델'을 소개하겠습니다.

테오 얀센 모델을 만든 테오 얀센 Theo Jansen 은 네덜란드의 공학자로, 움직이는 예술인 키네틱 아트 Kinetic Art 라는 분야를 창시한 사람입니다. 수백만 년에 걸쳐 진화해 온 벌레의 모습에 영감을 받아 컴퓨터로 단순한 가상 생물체를 구상하다가 실제로 움직이는 기계 생물체를 연구했다고 해요.

테오 얀센이 창시한 키네틱 아트 작품

테오 얀센 모델 시뮬레이션 사이트 www.mekanizmalar.com/theo-jansen.html 를 방문해서 직접 시뮬레이션을 해 보세요. 링크의 길이에 따른 움직임의 변화를 확인할 수 있습니다.

테오 얀센 모델 상단의 박스 안 숫자를 바꾸면 같은 색으로 된 링크 길이가 변해요. 예를 들어 파란색 박스의 숫자를 300, 200으로 각각 조절하면 다음과 같이 변하지요.

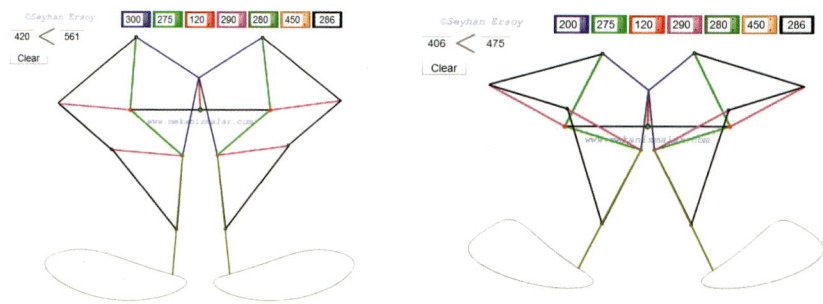

파란색 박스의 숫자를 300으로 조절했을 때 걸음걸이(왼쪽)와 200으로 조절했을 때 걸음걸이(오른쪽)

이처럼 링크의 길이와 조인트의 위치 변화는 모델이 만드는 다리 움직임의 궤적을 달라지게 합니다. 실제 달리는 로봇을 개발할 때에도 테오 얀센 모델 시뮬레이션과 유사하게 각 다리의 링크 길이, 링크 조립 방식, 조인트의 위치 등을 조정하면서 최적의 다리 움직임을 만들어 내는 과정을 거칩니다.

Q1 직접 테오 얀센 모델 시뮬레이션을 해 보고, 어떤 링크 길이가 로봇이 가장 빨리 달릴 수 있는 길이인지 찾아봅시다.

세상에서 가장 빠른 로봇을 만든 **로봇 박사 이야기**

달리는 로봇의 다리 모델링

모델링과 시뮬레이션의 중요성

　달리는 생물을 수학적으로 묘사·분석하기 위해서는 모델링이 필수인데요. 어느 수준까지 모델링하는지가 굉장히 중요합니다. 예를 들어 고양이를 모델링할 때 다리의 뼈, 근육, 관절, 인대, 발톱, 털과 핏줄까지 모델링한다면 실제 고양이와 유사해지겠지만 모델링이 매우 복잡해져서 계산하고 해석하는 데 큰 어려움이 따릅니다. 반대로 다리를 단순히 한두 개의 뼈로만 모델링한다면 수치 계산은 쉽지만 실제 고양이와는 거리가 먼 모델을 얻게 되지요.

　박종원 박사는 랩터 로봇을 개발할 때 달리는 고양이의 다리를 모델링하는 과정에서 어느 정도까지 모델링해야 하는가의 문제에 부딪혔습니다. 다리의 모델링 수준을 단순한 것부터 시작해 복잡하게 바꾸어 가며 많은 시행착오를 겪을 수밖에 없었지요. 가장 잘 묘사된 모델을 선정하기 위해 컴퓨터 시뮬레이션도 도입했습니다. 컴퓨터 시뮬레이션은 다양하게 모델링이 된 로봇을 가상 환경에서 미리 작동시켜 최적의 모델을 찾을 수 있도록 도와주었습니다.

결과적으로 적절한 모델링과 적극적인 시뮬레이션의 활용은 로봇 개발의 시간을 대폭 줄여 주었습니다.

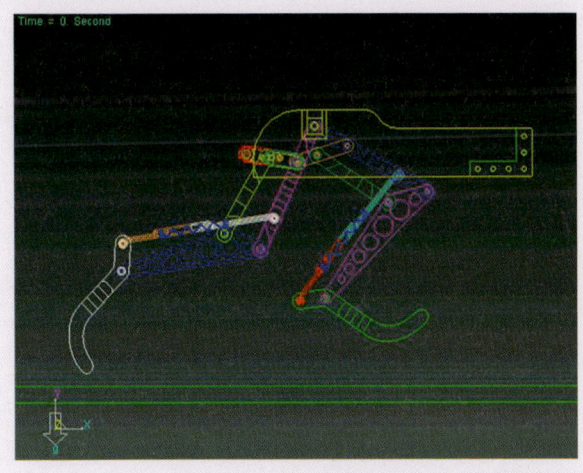

랩터의 컴퓨터 시뮬레이션 중 일부

*로봇 박사 이야기는 5장으로 이어집니다!

개념 쏙쏙! 중요 용어 한눈에 보기

각속도
단위 시간 동안 얼마나 많은 각도를 회전했는지 알려 주는 물리량입니다.

모델링
어떠한 물리적 현상을 목적에 맞춰 이용하기 쉬운 형태로 표현하는 것을 모델링이라고 합니다. 공학적인 수식이나 어떤 현상을 물리적으로 설명해서 이용하기 쉬운 형식으로 표현하는 것이지요. 목적에 따라 수학적 모델링, 물리적 모델링 등으로 구분할 수 있습니다.

속도
단위 시간동안 얼마나 먼 거리를 이동했는지 알려 주는 물리량입니다.

스프링 역진자 모델
로봇이 달릴 때 다리가 구부러지는 게 마치 스프링이 움츠러드는 것과 같은 모습이라고 하여 붙여진 달리는 로봇의 간략화 모델 이름입니다.

시뮬레이션
실제 상황의 결과를 예측하기 위해 실제와 비슷한 모형을 만들어 컴퓨터상에서 실험하는 것을 의미합니다. 실제로 실행하기에 시간이 오래 걸리거나 복잡한 것들을 간단히 확인해 보기 위해 사용됩니다.

역진자
진자를 뒤집어 놓은 형태로, 고정된 축이나 점이 무게중심보다 아래쪽에 있습니다. 역진자 상태를 유지하기 위해서는 저절로 평형을 유지하는 힘이 필수입니다. 손바닥에 우산을 세워 놓고 우산이 넘어지지 않게 자세를 유지시키는 걸 생각하면 됩니다.

진자
고정된 한 축이나 점의 주위를 일정한 주기로 반복 운동하는 물체를 진자라고 합니다. 진자는 보통 중력이나 탄성력과 같은 힘에 의해 중심으로 다시 돌아오는 진동운동을 합니다.

테오 얀센 모델

21세기 다빈치라는 별명을 가진 네덜란드의 공학자이자 아티스트인 테오 얀센이 만든 모델입니다. 테오 얀센은 키네틱 아티스트로서 페트병이나 튜브 같은 재료로만 이루어진 구조물을 만들었는데요. 수백 년에 걸쳐 진화해 온 벌레의 모습에 영감을 받아 컴퓨터로 단순한 가상 생물체를 구상하던 그는 더 나아가 실제로 움직이는 기계 생물체를 만들어야겠다고 생각하여 작업을 시작했습니다.

테오 얀센 모델은 바람 등에 의해 힘을 받아 링크와 관절이 움직이는 것으로 유명합니다.

05

달리는 동물의 비밀

연구가에게 잊을 수 없는 인생의 순간이란 그리 흔치 않습니다.
그러한 순간은 수년에 걸친 꾸준한 연구 끝에 나옵니다.
그때야말로 자연의 비밀을 덮고 있는 베일이 갑자기 걷히고
어둠과 혼돈이 밝고 찬란한 빛으로 나타나는 것처럼 보일 겁니다.

노벨생리의학상 수상자, 거티 코리 Gerty Cori

로봇을 만들 때 주변 동물들의 움직임을 모방하여 만드는 경우가 많습니다. 그렇다면 어떤 동물의 움직임을 따라 해야 빠르면서 안정적으로 달리는 로봇을 만들 수 있을까요?

자연과 로봇이 만나다

한국의 KTX, 일본의 신칸센[1] 등 속도가 매우 빠른 고속 열차는 바람을 가르며 운행하는 동안 진동이 발생하여 주변에 큰 소음을 일으킵니다. 이러한 문제를 해결하기 위해 고속 열차의 앞부분은 한 동물의 모습을 모방해 만들어졌습니다. 바로 30cm의 작은 크기로 최대 시속 40km까지 날 수 있는 물총새입니다. 물총새는 부리 모양 덕분에 물속으로 빠르게 다이빙할 때에도 물이 거의 튀지 않습니다. 고속 열차는 물총새의 이러한 장점을 반영하여 운행 시 소음을 적게 하고 빠른 속도에서도 흔들림 없이 움직이도록 했지요.

고속 열차 외에도 날다람쥐 모습을 보고 영감을 얻은 윙 슈트, 모기의 침에서 힌트를 얻은 주삿바늘, 박쥐의 초음파에서 힌트를 얻은 레이더, 상어의 피부를 응용한 전신 수영복 등 자연 속 생물을 모방하여 만든 다양한 제품들이 있습니다.

1 신칸센
1964년 10월에 개통된 일본의 고속 열차. 당시 세계 최초의 고속 열차였다.

물총새의 부리를 모방하여 만든 고속 열차 앞부분

ⓒ flickr_praveen pandian(위) / flickr_U-ichiro Murakami(아래)

도마뱀처럼 벽을 오르는 로봇이 있다고?

생체 모방 로봇이란 무엇일까요? 생명체의 구조나 기능을 관찰하여 이와 비슷하게 움직이도록 만든 로봇을 뜻합니다. 그런데 외형만 비슷하다고 해서 생체 모방 로봇이라고 할 수는 없습니다. 로봇 개발 과정에서 생명체의 구조를 보고 새로운 아이디어가 떠올라 적용했거나 로봇의 사용 목적에 꼭 들어맞아야 생체 모방 로봇이라 할 수 있습니다.

생체 모방 로봇의 대표적인 예로 스티키봇Stickybot이 있습니다. 스티키봇은 미국 스탠포드 대학교에서 개발하여 2006년 유튜브에 공개한 로봇입니다. 이 로봇을 개발한 연구팀은 벽을 오르는 로봇을 개발하던 중 '유리창처럼 매끄러운 곳을 오르는 가벼운 로봇은 없을까?'라는 의문을 품고 주변을 둘러보다가 우연히 발견한 게코 도마뱀에게서 아이디어를 얻었습니다. 이후 게코 도마뱀이 벽을 오르는 영상을 돌려 보면서 게코 도마뱀의 특별한 발바닥 구조를 발견했지요. 연구팀은 게코 도마뱀의 발바닥을 모방한 접착패드를 만든 다음, 그 접착패드를 로봇의 발바닥에 붙여 한 방향으로는 잘 붙지만 다른 쪽에서 당기면 쉽게 떨어지지 않는 로봇을 만들었습니다. 그래서 스티키봇은 게코 도마뱀처럼 발을 바깥으로 둥글게 말아 내뻗은 후 발뒤꿈치부터 내려놓으며 벽을 오릅니다.

또 다른 예로 캥거루를 모방하여 만든 바이오닉 캥거루Bionic Kangaroo가 있습니다. 바이오닉 캥거루는 독일 훼스토사에서 제작하여 2014년에 공

> **2 아킬레스건**
> 걷거나 달릴 때 지렛대 역할을 하는 발꿈치의 힘줄.

개한 로봇입니다. 캥거루는 다른 동물들에 비해 상당히 긴 다리를 가지고 있고, 착지할 때 아킬레스건[2]에 에너지를 축적했다가 다음 점프에서 축적된 에너지를 재사용하는 방식으로 달립니다. 그래서 캥거루는 달릴 때 덜 힘들고 더 빠르게 움직일 수 있지요. 바이오닉 캥거루는 캥거루 아킬레스건의 이러한 특징에 주목하여 제작되었습니다. 이 로봇은 높이 약 100cm, 무게 7kg으로 캥거루처럼 점프하기 위해 가벼운 재료와 강력한 다리 구동기로 만들어졌으며 압축공기를 이용하여 높이 뛴다는 특징이 있습니다.

그 외에 생체 모방형 로봇으로는 가오리 로봇, 바퀴벌레와 새를 결합한 로봇 오르니소프터, 게와 바닷가재를 합친 모양의 로봇 크랩스터, 망둥이 모사 로봇 머디봇 등이 있습니다.

이렇게 생명체의 구조를 본떠 만든 생체 모방 로봇이 많이 개발되었는데요. 달리는 로봇은 과연 어떤 생명체들을 모방해 만들어졌을까요?

생체 모방 로봇인 스티키봇(위)과 바이오닉 캥거루(아래)

ⓒ flickr_Polypedal Lab(위) / flickr_Alistair Vermaak(아래)

빠르게 달리는 타조의 비밀

달리는 생체 모방 로봇을 알아보기에 앞서 2족 보행 동물과 4족 보행 동물에 대해 살펴보겠습니다.

두 발로 걷는 동물 중 타조는 가장 뛰어난 달리기 실력을 가지고 있습니다. 천적인 육식동물을 피해 빠르게 달려야 하기 때문입니다. 그런데 타조는 사람의 발과 어떻게 다르기에 매우 빨리 달릴 수 있는 걸까요?

사람의 발은 26개의 뼈로 구성되어 있습니다. 달리는 속도는 조금 느릴지라도 발을 자유롭게 구부리고 비틀고 움직일 수 있지요. 반면 타조의 발은 8개의 뼈로 단순하게 구성되어 있습니다. 발가락도 단 2개뿐입니다. 그래서 직선으로 빠르게 달리기에 유리하며, 그중 엄지발가락은 매우 크고 단단하여 달리는 동안 땅을 박차는 역할을 합니다. 그 옆의 작은 발가락은 균형을 잡아 주는 역할을 하지요.

사실 타조는 항상 까치발을 들고 발가락으로만 서 있습니다. 발을 모두 땅에 대고 있지 않는 겁니다. 또 사람과 달리 발과 종아리가 다리 길이의 대부분을 차지하며, 허벅지는 몸통 속에 숨겨져 있습니다.

타조의 발과 발가락을 따라 위치하는 근육들은 발이 빠르게 땅에 닿을 수 있도록 도와줍니다. 게다가 이 근육들은 매우 강해서 발이 더 강하게 지면을 눌렀다가 뗄 수 있도록 해 줍니다. 발로 땅을 강하게 밀어 앞으로 나아가는 추진력을 크게 하는 거지요.

타조가 달릴 때 발 근육만큼 허벅지 근육도 중요합니다. 타조의 허벅지는 날개에 가려져 있기 때문에 그 근육도 잘 보이지 않습니다. 하지만 날개를 들춰 보면 허벅지에 발 근육보다 훨씬 많은 근육이 있다는 걸 알 수 있어요. 타조의 허벅지 근육은 공중에 떠 있는 발을 빠르게 당겨 앞으로 내뻗을 수 있게 합니다. 타조의 긴 다리를 빠르게 앞으로 뻗으려면 큰 힘이 필요하겠지요? 그래서 타조는 두껍고 튼튼한 허벅지 근육을 갖고 있습니다. 단, 근육이 너무 커지고 무거워지면 달리는 데 방해가 되기 때문에 타조의 허벅지는 가볍지만 튼튼하고 힘이 센 근육으로 이루어져 있습니다.

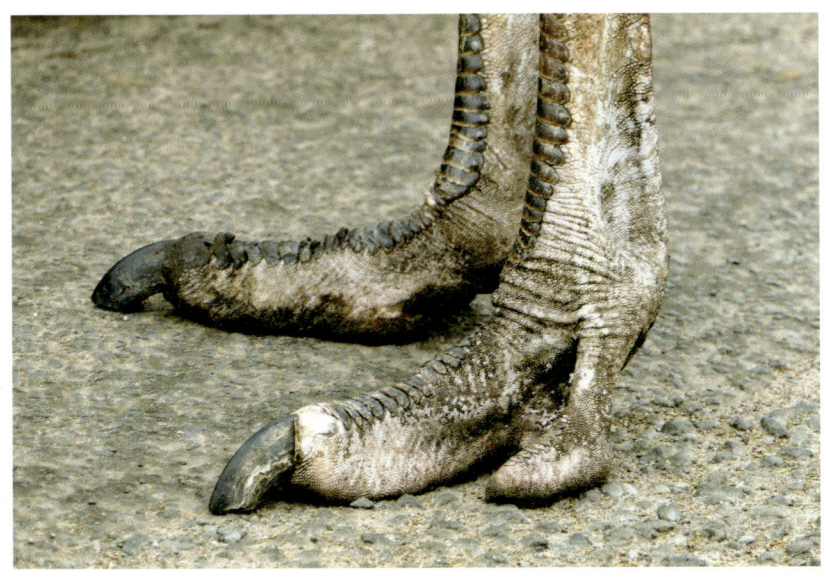

타조가 빠르게 달릴 수 있도록 해 주는 타조의 발가락과 발

네 발로 걸을 땐 어떤 점이 다를까?

네 발로 걷는 동물은 개, 고양이, 코끼리, 사슴 등 아주 많습니다. 또 육상동물 중 가장 빠른 치타도 있고요. 여기서는 우리에게 매우 친근한 개를 살펴보며 2족 보행 동물인 타조와 비교해 보겠습니다.

타조는 골반에 연결되어 있는 뼈의 길이가 바로 다음 연결된 뼈의 길이보다 절반 정도 짧습니다. 반면 개는 골반에 연결되어 있는 뼈의 길이가 다음 연결된 뼈의 길이와 비슷합니다. 타조와 개가 각각 다른 방식으

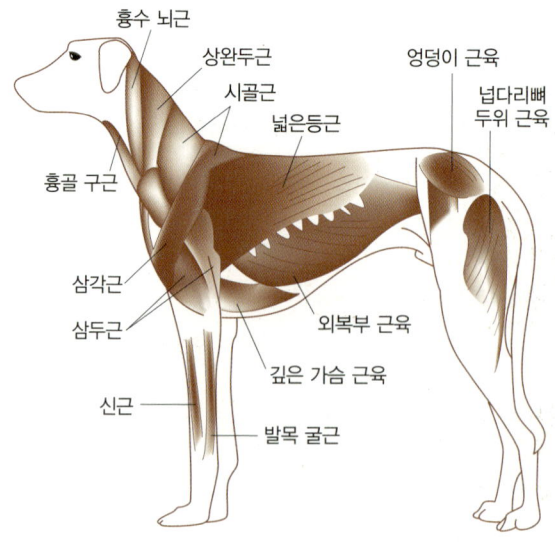

개 앞다리와 뒷다리의 골격과 근육

로 달리기에 최적화하면서 진화되었기 때문입니다.

한편 타조는 뼈의 길이가 전반적으로 개보다 깁니다. 특히 지면에 닿는 뼈가 더 깁니다. 왜 그럴까요? 타조는 두 발로 무게중심을 잡아서 더 넓은 면적이 바닥에 닿아야 안정적으로 설 수 있기 때문입니다. 반면 개는 네 발로 무게중심을 잡기 때문에 좁은 면적이 바닥에 닿더라도 균형을 잘 유지할 수 있습니다.

그리고 개와 같은 4족 보행 동물은 달릴 때 앞다리와 뒷다리의 역할이 서로 다릅니다. 이 또한 양발이 같은 역할을 하는 2족 보행 동물과 다른 점입니다. 4족 보행 동물의 앞다리 골격은 대개 지면에 수직으로 구성되어 몸의 균형을 잡는 역할을 합니다. 균형을 잡기 위해 앞다리에는 여러 가지 근육이 발달되었지요. 반면 뒷다리는 지면을 밟고 앞으로 향하는 추진력을 얻기 위한 역할을 합니다. 그에 맞게 앞쪽 방향으로 비스듬히 기울어진 골격으로 구성되어 있으며, 엉덩이 근육이 크게 발달되었습니다.

쇼 미 더 로봇

개를 닮은 배달 로봇

온라인 쇼핑이 대중화되면서 택배 물량이 점점 늘고 있습니다. 또 최근 들어 온라인 서점이나 소셜 커머스 등 당일 배송을 해 주는 기업이 많아지면서 배송 속도와 정확성이 더욱 중요해지고 있지요.

미국의 로봇 제조 회사 보스턴 다이내믹스사에서는 이런 추세에 맞춰 개의 골격 구조를 본따 네 발로 이동하는 택배 로봇인 스폿 Spot을 만들었습니다.

스폿은 장애물을 만나면 이를 인지해 알아서 비켜 가고, 식탁과 같은 높은 장애물을 만나면 자세를 낮춰 밑으로 쉽게 지나갑니다. 이러한 자세를 취할 수 있는 이유는 개의 골격 구조를 본떠서 만든 유연한 다리 때문입니다. 유연한 다리 덕분에 평평한 도로 외에도 산길, 눈길, 사막 등 고르지 않은 지형과 계단까지 바닥의 종류에 구애받지 않고 이동할 수 있지요. 게다가 스폿은 고성능 카메라와 GPS를 장착하고 있어 입력된 주소로 정확하게 택배를 배달할 수 있습니다. 운반 가능한 무게는 최고 45kg으로, 배달용 드론이 운반할 수 있는 무게의 15배에 달합니다. 또 스폿은 달리면서 이동할 수도 있습니다. 스폿 로봇이 집 앞으로 택배를 배달해 주는 날도 머지않았습니다.

개처럼 유연한 다리를 가진 스폿

ⓒ flickr_Steve Jurvetson

왜 네 발로 달리는 동물이 더 빠를까?

4족 보행 동물과 2족 보행 동물 중 누가 더 빠를까요? 다음은 육상동물 중 누가 더 빠른지를 보여 주는 순위표입니다. 표를 살펴보면 타조를 제외하고 모두 4족 보행 동물이라는 걸 알 수 있어요. 왜 2족 보행 동물보다 4족 보행 동물이 더 빠를까요?

• 육상동물의 빠르기 •

순위	동물 이름	순간 최대 속력(km/h)	100m 달리기 기록(초)
1위	치타	115	3.2
2위	가지뿔영양	98	3.7
3위	스프링복	94	4.0
4위	임팔라	90	4.2
공동 5위	타조	80	4.5
공동 5위	호랑이	80	4.5
7위	케이프멧토끼	77	4.6
8위	경주마	76	4.7
9위	붉은캥거루	72	5.0
10위	그레이하운드	70	5.1

2족 보행 동물은 두 다리가 추진력을 얻는 동작과 몸의 균형을 잡는 동작을 한번에 해야 합니다. 반면 4족 보행 동물은 추진력을 위한 다리와 균형 잡기 위한 다리가 분리되어 있어서 서로 방해받지 않고 각각의 일을 합니다. 그래서 4족 보행 동물이 빠르게 달릴 수 있지요.

그렇다면 2족 보행과 4족 보행에는 어떤 물리적 차이가 있을까요?

● 수직 방향 반작용력 차이

앞서 3장에서 작용-반작용의 원리를 살펴보았지요? 걷거나 뛸 때 발이 땅에 닿으면서 전달되는 힘이 작용력이며, 동시에 땅으로부터 같은 크기이지만 반대 방향으로 받는 힘을 반작용력이라고 했습니다.

다음 그래프는 여러 마리의 침팬지가 각각 다른 속도로 달릴 때 발바닥에 전해지는 충격력, 즉 수직 방향 반작용력을 측정한 데이터입니다. 그래프를 보면 침팬지는 2족일 때 초속 0.8~1.4m로 걸을 수 있으며, 4족일 때 초속 1.2~3.7m로 걷거나 달릴 수 있습니다. 초속 1.2~1.4m일 때에는 2족 보행과 4족 보행 모두 가능하다는 것인데요. 같은 속력이라도 2족

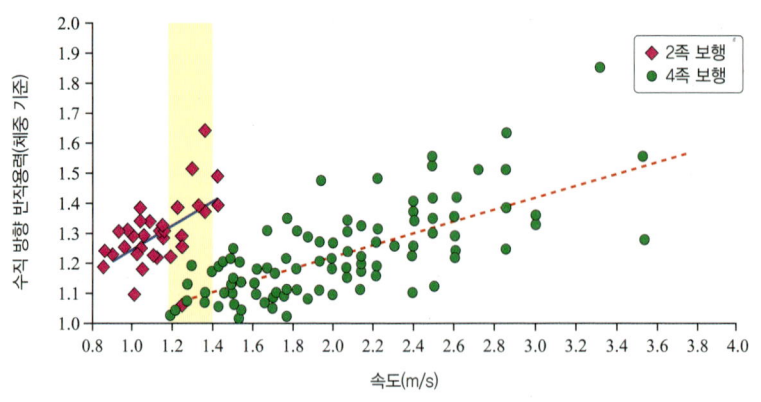

침팬지가 속도를 낼 때 받는 수직 방향 반작용력

보행일 때 더 큰 수직 방향 반작용력을 받습니다. 2족 보행일 때 더 큰 충격을 받는다는 것이지요.

수직 방향 반작용력이 크면 동물의 뼈와 근육이 더 피로해져 몸에 큰 부담이 됩니다. 그래서 침팬지는 천천히 걸을 때는 2족을, 빠르게 움직일 때는 4족을 사용하여 몸의 피로를 최소화합니다.

● **좌우 측면 방향 반작용력 차이**

걷거나 달릴 때 단지 바닥에 수직인 방향만 반작용력을 받는 것이 아닙니다. 달리는 쪽의 좌우 측면 방향medio-leteral에서도 힘을 받습니다.

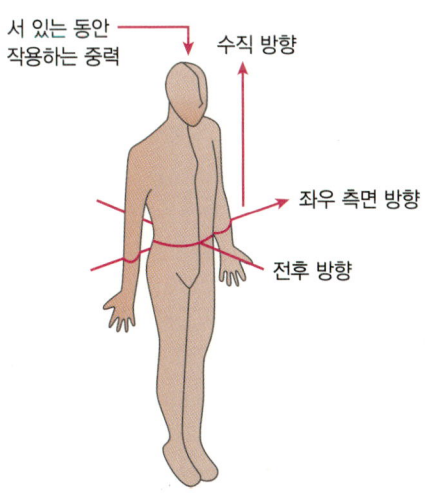

수직 방향과 좌우 측면 방향

다음 그래프를 통해 2족 보행과 4족 보행의 좌우 방향 힘을 비교해 보면 4족 보행이 2족 보행보다 더 안정적이라는 것을 확인할 수 있습니다.

그래프는 침팬지가 3~5분 정도 달릴 때 좌우 측면 방향으로 얼마나 힘을 받는지 나타낸 것이며, 하늘색 굵은 선이 평균값입니다. 그래프의 가로축은 0~1까지로 1에 가까울수록 최대 초속 1.1m에 가깝다는 걸 나타내며, 세로축은 자신의 무게를 기준으로 몇 배의 반작용력이 작용하는지를 나타냅니다. 좌우 측면 방향으로 받는 힘이 클수록 그래프는 수평선의 아래쪽으로 그려지지요.

그래프를 보면 2족 보행을 할 경우 몸무게의 0.12배에 해당하는 좌우 측면 방향 반작용력이 작용하지만, 4족 보행을 할 경우 0.05배에 해당하는 반작용력만 발생하는 것을 알 수 있습니다. 따라서 2족으로 보행할 때

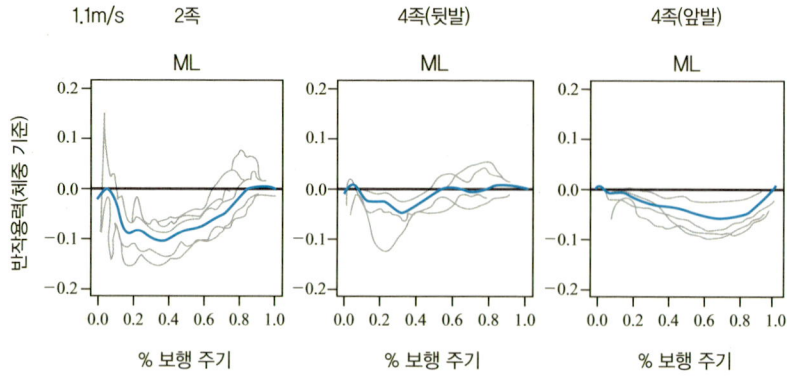

2족 보행일 때와 4족 보행일 때 달리는 방향의 좌우 측면 방향으로 받는 힘의 크기

보다 4족으로 보행할 때 좌우 방향으로 더 작은 힘을 받습니다.

달릴 때 좌우로 힘을 받아 흔들리면 불안정해집니다. 따라서 4족 보행이 2족 보행보다 좌우 방향으로 더 안정적이라고 할 수 있습니다.

● **발바닥이 지면에 닿을 때 각도 차이**

사람과 치타의 달리기 방식 비교 연구에서도 2족 보행과 4족 보행의 차이를 확인할 수 있습니다.

사람이 2족으로 달릴 때에는 두 발이 공중에 떠 있다가 한 발로 착지한 다음, 착지한 발로 다시 땅을 밀어 앞으로 나아갑니다. 한편 치타가 달릴 때에는 네 발이 공중에 떠 있는 상태에서 시작하여 앞발을 차례대로 착지한 다음, 앞발과 뒷발을 모으면서 다시 살짝 점프합니다. 그 후 뒷발을 차례대로 착지하고 땅을 밀면서 앞으로 널리 점프합니다.

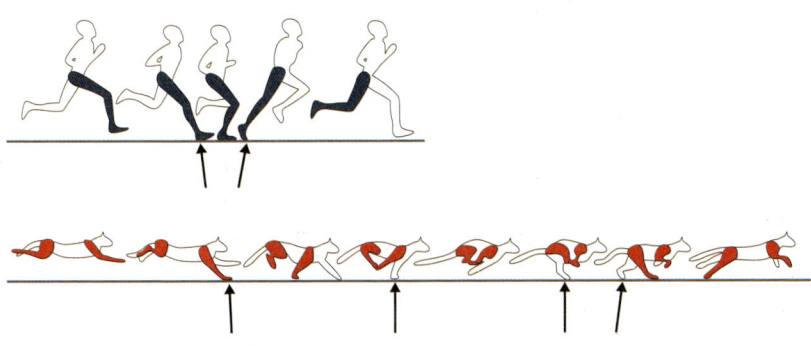

2족 달리기와 4족 달리기의 착지 모습 차이

이렇게 달릴 때 발이 땅에 닿는 각도를 보면 4족일 때보다 2족일 때 더 큰 각도로 닿는다는 걸 확인할 수 있습니다. 4족으로 달릴 때는 앞발을 많이 뻗어 착지할 때 각도가 작아져도 넘어지지 않지만, 2족으로 달릴 때는 바닥에 더 큰 각도로 착지해야 넘어지지 않는다는 것입니다. 결국 2족으로 달릴 때보다 4족으로 달릴 때 더 많이 발을 내뻗을 수 있고 앞뒤 보폭을 크게 할 수 있어 더 빨리 달릴 수 있습니다.

제자리멀리뛰기 경기를 보면 기록 욕심에 다리를 너무 많이 뻗어 착지할 때 발과 땅의 각도가 작아지면서 뒤로 넘어지는 선수를 종종 볼 수 있는데요. 때문에 선수들은 발을 적당히 뻗어 발이 바닥에 닿는 각도를 크게 하여 넘어지지 않도록 훈련합니다.

제자리멀리뛰기를 할 때 발을 적당히 뻗어야 넘어지지 않습니다.

ⓒ flickr_marykz_marykz

로봇, 타조와 치타를 닮다

앞서 2족 보행 동물과 4족 보행 동물을 살펴보면서 이 둘의 해부학적 구조가 비슷하면서도 차이가 있고, 지면과 발에 미치는 물리적인 힘에서도 다른 점이 있다는 것을 알 수 있었습니다.

로봇공학자들은 이러한 연구 결과를 바탕으로 2족 보행 동물과 4족 보행 동물의 특징 및 구조를 본떠 빠르게 달리는 생체 모방 로봇을 개발하고 있습니다. 그렇다면 생체를 모방하여 만들어진 2족 보행 로봇과 4족 보행 로봇은 어떤 것들이 있을까요? 그 로봇들은 어떤 구조를 하고 있을까요?

2족 보행 동물을 모방한 달리는 로봇

영화에서처럼 멋지고 빠르게 달리는 로봇은 아니지만 미국과 한국에서는 타조를 모방하여 달리는 로봇을 만들고 있습니다. 타조의 어느 부위를 모방하여 생체 모방 로봇을 만들었는지 살펴볼까요?

- **패스트러너**

미국 MIT와 플로리다 공과대학의 공동 연구로 탄생한 패스트러너

FastRunner는 타조를 모델로 한 2족 보행 로봇입니다. 다리 하나에 하나의 액추에이터가 힘을 주어 움직이지요. 아직은 하체만 개발되어 키는 약 2m, 무게는 30kg 정도 나갑니다. 하지만 몸체, 목, 머리가 추가되어 완성되면 약 5m까지 커질 것으로 예상됩니다.

패스트러너는 다른 로봇과 달리 각 관절에 액추에이터를 설치하는 대신 타조의 발뼈 구조와 다리의 인대를 모방하여 이를 스프링이나 댐퍼[3]로 대체했습니다. 지금은 컴퓨터 시뮬레이션으로 로봇의 보행 속도를 측정하여 임시 로봇에 테스트를 하는 개발 과정 중입니다. 시뮬레이션에서는 최대 시속 64km까지 도달했으나 안전을 위해 실제로는 절반의 속도를 유지했습니다.

3 댐퍼
진동에너지를 흡수하는 완충장치.

● **아트리아스**

미국 오리건 주립대학교 연구팀이 만든 아트리아스Atrias는 키 약 1.7m, 무게 약 60kg의 로봇으로 성인 남자의 체격과 비슷합니다. 사람보다 에너지를 적게 쓰면서 더 빠르게 이동하는 로봇을 만들기 위해 몸통에 비해 다리가 긴 타조의 모습을 본떠 개발했습니다.

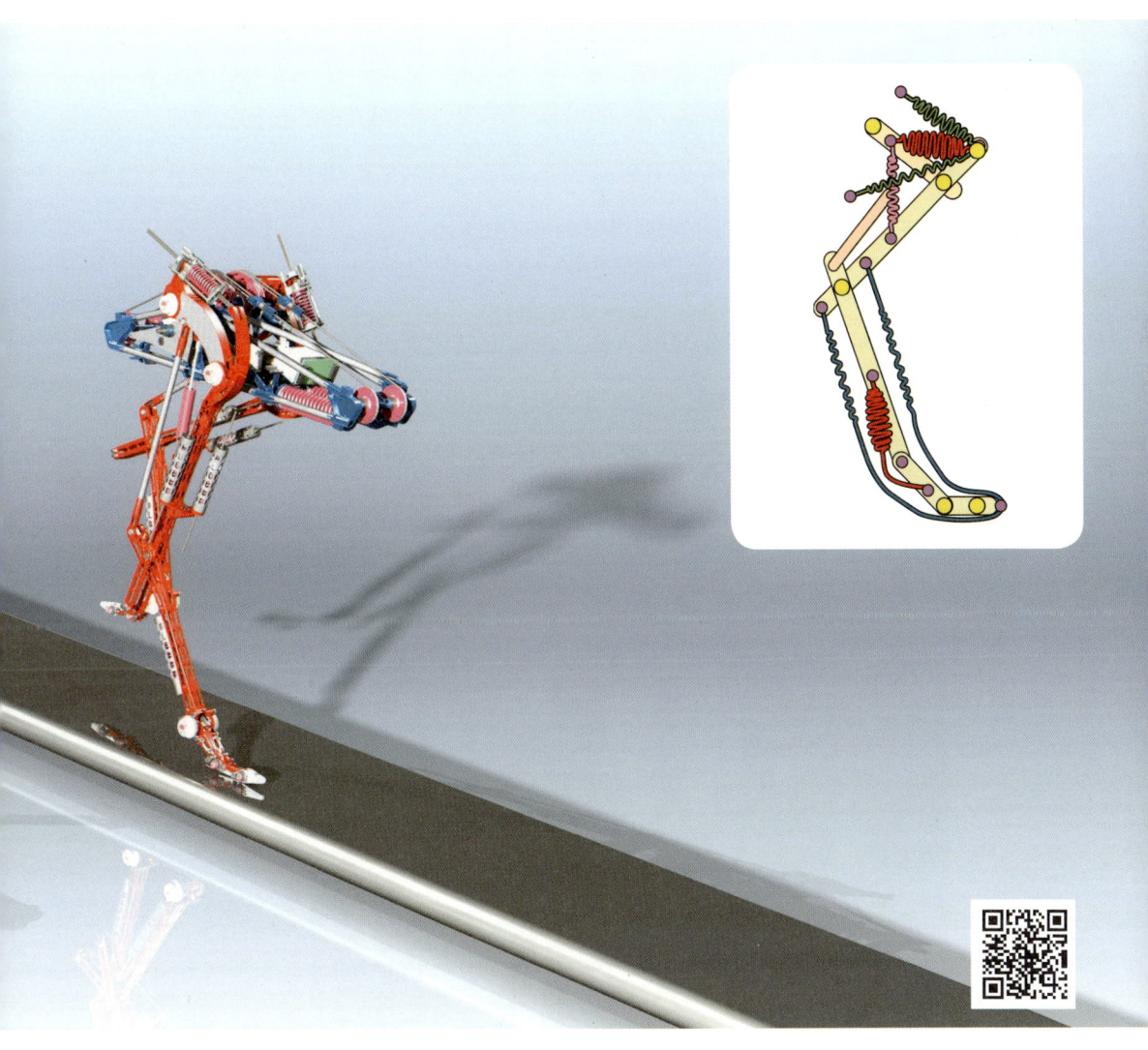

컴퓨터 시뮬레이션으로 테스트 중인 패스트러너와 타조의 다리를 모방한 패스트러너의 다리 구조

ⓒ flickr_Gray Thomas

● 캐시

캐시 Cassie 는 미국 오리건 주립대학교 연구팀이 아트리아스를 개발한 경험을 바탕으로 더 작고 가볍게 만든 로봇입니다. 아트리아스를 업그레이드한 로봇이라 할 수 있지요. 속도는 시속 3~10km로 아직까지는 다른 타조 모방 로봇들보다 느립니다.

4족 보행 동물이 2족 보행 동물보다 빠르고 안정적으로 달리는 것처럼 로봇도 마찬가지입니다. 4족 보행 로봇에 비해 2족 보행 로봇은 잘 넘어지지요. 따라서 힘차게 달려도 넘어지지 않는 타조처럼 로봇이 다양한 상황에서도 안정적으로 달릴 수 있도록 개발·제작하고 있습니다.

아트리아스의 업그레이드 버전, 캐시

ⓒ flickr_Oregon State University

4족 보행 동물을 모방한 달리는 로봇

치타와 같이 네 개의 다리로 빠르게 달리는 로봇은 주로 미국에서 연구되고 있습니다. 4족 보행 동물의 어떤 부분을 모방해서 빠르게 달릴 수 있게 되었는지 알아봅시다.

● 치타 로봇

1장에서도 잠깐 나왔던 치타 로봇은 미국 MIT 생체모방기술로봇연구소Biomimetics Robotics LAB에서 개발한 로봇입니다. 네 개의 다리로 육상에서 가장 빠르게 달리는 치타의 뼈와 구조를 모방해 치타 로봇의 외골격을 만들었지요.

현재 치타 로봇은 실내 트랙 기준으로 시속 16.1km로 달릴 수 있고 33cm 높이의 장애물을 넘을 수 있습니다. 연구팀은 "앞으로 치타 로봇은 시속 48.28km까지 속도를 낼 수 있을 것"이라고 긍정적으로 내다봤습니다. 올림픽 육상 금메달리스트 우사인 볼트보다 더 빠르게 달릴 수 있다는 이야기입니다.

● 와일드 캣

미국 보스턴 다이내믹스사에서 개발한 '와일드 캣WildCat'은 4족 보행 동물인 살쾡이를 비슷한 구조로 모방해 만든 생체 모방 로봇입니다. 시속 32km까지 달리는 세계에서 가장 빠른 4족 보행 로봇이지요.

보스턴 다이내믹스사에서 개발한 기존의 치타 로봇은 실내 실험실에서만 달리는 게 가능했는데, 와일드 캣은 이를 개량하여 야외에서도 달릴 수 있도록 만들었습니다. 게다가 단순히 달리는 것뿐만 아니라 산비탈, 비포장도로 등 거친 표면의 지형에서도 균형을 잡으며 걸어갈 수 있다는 것이 특징입니다. 또 배터리로 작동하는 보스턴 다이내믹스사의 치타 로봇과 달리 엔진으로 움직입니다.

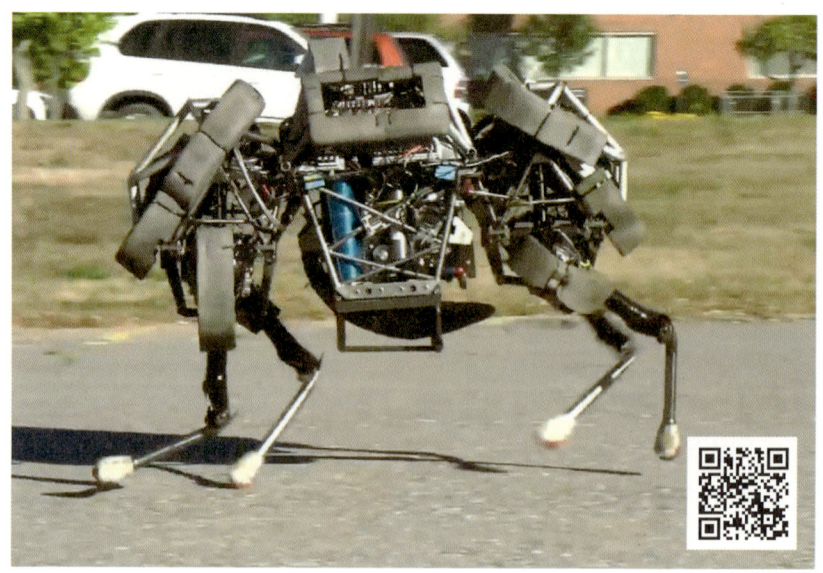

살쾡이를 모방해 만든 와일드 캣

ⓒ flickr_Laurent Ternaux

생각 더하기

공룡 모방 로봇, 랩터

날개를 이용한 타조의 균형 잡기

　카이스트에서는 타조를 모방하여 로봇을 만드는 대신 타조의 조상이라 할 수 있는 2족 보행 공룡으로부터 아이디어를 얻어 랩터 로봇을 개발했습니다. 현재 개발되어 동영상으로 공개되고 있는 2족 보행 로봇 중에서 가장 빠르며 최대 시속 46km의 속도로 달릴 수 있습니다.

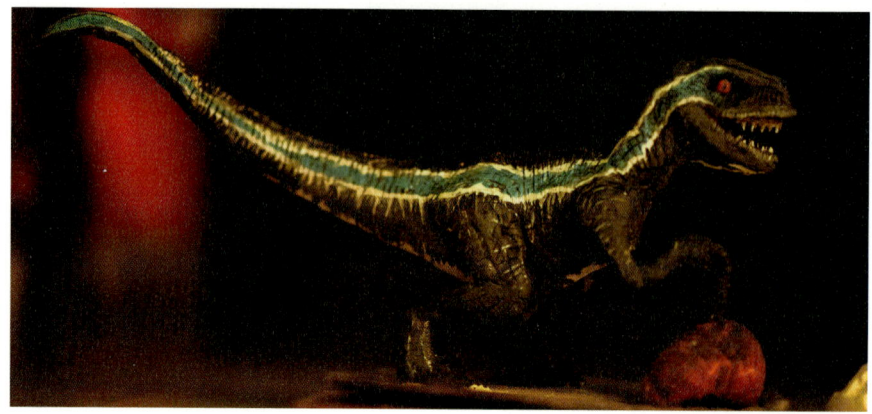
랩터가 모방한 2족 보행 공룡 벨로키랍토르

ⓒ flickr_Guru Clikz

  공룡을 모방한 랩터와 다른 타조 모방 로봇들은 하나의 모터로 다리를 움직인다는 공통점이 있습니다. 다리에 인대 역할을 하는 고무가 있어 다리를 빠르게 회전시키며, 발과 지면이 닿을 때 로봇이 덜 다치게 해 주는 장치가 있다는 것도 공통점이지요. 또 랩터는 낮은 속력으로 달릴 때 다른 타조 모방 로봇처럼 다리만으로 균형을 잡습니다.

  한편 랩터는 타조 모방 로봇들과 달리 꼬리가 있습니다. 빠르게 달릴 때 이 꼬리를 이용하여 균형을 유지하지요. 빠르게 달리려면 타조처럼 날개를 이용하여 균형을 잡거나 치타처럼 꼬리를 움직여 균형을 잡아야 합니다. 랩터의 경우 날개와 꼬리를 모두 갖고 있어 앞으로 넘어지려 할 때 꼬리를 뒤로 회전시키고, 뒤로 넘어지려 할 때 꼬리를 앞으로 회전시켜 다른 타조 모방 로봇보다 균형을 잘 잡으며 더 빠르게 달릴 수 있습니다.

Q1 달리는 생체 모방 로봇을 만들 때 로봇이 스스로 균형을 잡으며 안정적으로 달리게 설계하는 것이 중요합니다. 그렇다면 달릴 때 다리를 제외한 몸통, 머리, 꼬리 등의 다른 구성 요소는 어떻게 움직일지 생각해 봅시다.

Q2 생체 모방 로봇이 안정적으로 달리려면 몸통, 머리, 꼬리 외에 또 어떤 부위가 필요할까요?

세상에서 가장 빠른 로봇을 만든 **로봇 박사 이야기** ⑤

"자료가 필요해!"
로봇 개발을 위한 데이터 수집 과정

　박종원 박사 연구팀은 랩터를 개발하는 동안 많은 어려움에 부딪혔습니다. 기존에 빠르게 달리는 로봇에 대한 연구 개발 사례가 거의 없어 로봇 개발에 필요한 각종 데이터를 직접 만들어야 했기 때문입니다. 달리는 개나 고양이, 침팬지 등의 생물학적 데이터는 구할 수 있었지만, 대부분의 데이터가 해당 생물의 다리 형태와 보행 특징 중심이어서 로봇 개발에 직접 활용하기 어려웠습니다.

　예를 들어 로봇의 개발에는 몸통이나 다리의 무게뿐만 아니라, 달리는 동안 각 관절의 각도, 각 관절에 필요한 토크와 힘, 위치와 속도, 가속도 등의 정보가 꼭 필요합니다. 하지만 대부분의 생물학 논문에서는 이러한 자료를 찾아보기 힘들었습니다.

부족한 데이터를 확보하기 위해 우선 빠르게 달리는 생물의 신체적 특징을 알아보고자 고양이를 직접 해부해 봤습니다. 또 고양잇과 동물의 움직임을 파악하기 위해 직접 동물원에 방문하기도 했습니다. 이때 서울대공원 사육사님께 요청해 큰 고양잇과 동물인 호랑이와 퓨마의 움직임을 직접 관찰하고 다양한 각도에서 비디오로 촬영하여 분석했습니다.

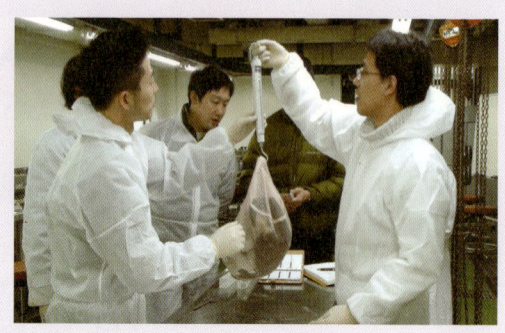
고양이 해부 전 몸무게 측정

직접 고양이를 분양받아 연구실에서 키우며 행동을 관찰하기도 했습니다. 속도에 따라 달라지는 움직임을 기록하기 위해 소형 러닝머신을 만들어 그 위에서 달리는 고양이의 움직임을 관찰했지요. 또 그 모습을 고속 카메라와 모션캡처 장비로 촬영하여 빠르게 움직이는 동안 각 관절의 속도 및 가속도 정보를 알아냈습니다.

이렇게 얻은 생물학적 정보들은 랩터 로봇을 개발하고 논문을 작성하는 데 바탕이 되었으며, 덕분에 빠르게 달리는 로봇을 성공적으로 개발할 수 있었습니다.

*로봇 박사의 마지막 이야기는 6장으로 이어집니다!

개념 쏙쏙! 중요 용어 한눈에 보기

달리는 로봇의 반작용력
로봇이 공중이 떠 있던 발을 바닥에 내려놓으면서 발로 바닥을 누르면 작용-반작용 원리에 의해 바닥이 로봇의 발에 힘을 가하는데, 이 힘을 달리는 로봇의 반작용력이라고 합니다.

생체 모방 로봇
생명체의 구조나 운동 원리를 본떠 만든 로봇을 말합니다. 외형뿐만 아니라 동작 원리도 비슷하게 제작하여 생명체의 효과적인 기능이나 움직임을 로봇도 가진다는 것이 특징입니다.

수직 방향 반작용력
지면에 수직한 방향으로 받는 반작용력입니다.

좌우 측면 반작용력
지면과 평행한 방향으로 받는 반작용력입니다.

06

재난에도 끄떡없는 로봇

무엇이든 상상할 수 있는 사람이 무엇이든 만들 수 있다.

영국의 수학자·논리학자이자 컴퓨터과학의 아버지, 앨런 튜링 Alan Turing

〈아이언맨〉, 〈트랜스포머〉, 〈리얼 스틸〉, 〈퍼시픽 림〉, 〈채피〉 등 로봇이 등장하는 영화들은 아주 많습니다. 각 영화의 주인공 로봇은 위기 속에서 자신이 가진 특별한 기능을 이용하여 영웅이 되지요. 그렇다면 현실의 로봇은 어떤 상황에서 영웅이 될 수 있을까요?

재난 대응 로봇이라면 이 정도는 필수!

1장에서도 잠깐 살펴보았지만 로봇은 지진이나 해일처럼 인간이 접근할 수 없는 특수한 상황에 투입되어 맡은 일을 훌륭하게 수행하도록 개발되고 있습니다.

특히 후쿠시마 원전 사고가 발생한 뒤 로봇공학자들은 재난 환경에서 맡은 임무를 수행할 수 있는 로봇을 활발히 개발하기 시작했습니다. 또 2012~2015년에 미국 다르파에서 주최한 다르파 로보틱스 챌린지가 열린 이후 다양한 재난 로봇이 개발되고 있습니다. 그렇다면 실제 재난 상황에 필요한 로봇의 능력은 무엇일까요?

재난 대응 로봇은 인명 구조 능력, 장비 조작 능력, 장애물 처리 능력, 장애물 극복 능력, 외부와의 통신 능력 등 다양한 능력을 갖춰야 합니다. 이 장에서는 그중 인명 구조 능력, 장비 조작 능력, 장애물 처리 능력에 대해 알아보겠습니다.

재난 대응 로봇이 꼭 갖추어야 하는 가장 중요한 능력은 '인명 구조 능력'입니다. 재난 상황에서 로봇이 가장 우선해야 할 임무가 바로 사람을 구하는 일이기 때문입니다. 재난 대응 로봇은 재난 현장에서 탈출하지 못했거나 부상을 당해 움직이지 못하는 사람을 발견하여 구조대원이 접근할 수 있는 안전한 장소로 이동시켜야 합니다. 따라서 사람을 직접 팔로 들어 움직이는 형태의 로봇이나 몸체에 사람을 실어 안전하게 이동시키는 로봇이 인명 구조의 기능을 할 수 있습니다.

두 번째로 재난 대응 로봇에게 중요한 능력은 '장비 조작 능력'입니다. 사람이 접근하지 못하는 구역에서 세밀하게 장비를 조작해 재난 상황에 대처해야 하기 때문입니다. 예를 들어, 원자력 발전소가 폭발하면 밸브를 잠그거나 세밀하게 기기를 조작해서 더 큰 피해가 나지 않도록 해야 하는데 방사능 유출로 인한 피폭 때문에 사람들은 쉽사리 재난 현장에 다가갈 수 없습니다. 이때 재난 대응 로봇이 사람 대신 직접 다가가 장비를 조작할 수 있지요.

마지막으로 재난 대응 로봇에게 중요한 능력은 '장애물 처리 능력'입니다. 사람이 다가가기 힘든 환경을 변화시켜 접근성을 높임으로써 더 빠른 재난 대응을 할 수 있도록 도와야 하기 때문입니다. 따라서 재난 대응 로봇은 재난 현장에서 무거운 잔해물[1]들을 치워 길을 만든다거나 화재를 진압하여 보행로를 만들어 주는 등 주변에 장애물이 될 수 있는 요인들을 제거할 수 있어야 합니다.

1 잔해물
재난 현장에서 부서지거나 못 쓰게 되어 방치된 물체.

인명 구조 로봇인 에밀리(위)와 장비를 조작하는 카이스트 휴보(오른쪽)

다르파 로보틱스 챌린지에 참여한 로봇의 특징

　다르파 로보틱스 챌린지는 2012년에 개최하여 3년간 기술 대회와 예선전을 걸친 뒤 2015년에 대망의 결선을 치렀습니다. 이때 세계 7개국에서 25개의 팀이 참가하여 이틀 동안 재난 상황에 해결해야 할 과제들을 수행했지요. 미국에서 12팀, 유럽에서 3팀, 일본 5팀, 중국 1팀, 홍콩 1팀, 그리고 우리나라에서 3팀이 출전했습니다. 우리나라 대표로 참가한 세 팀은 팀 카이스트Team KAIST(1위), 팀 SNU Team SNU(12위), 그리고 팀 로보티즈Team ROBOTIS(15위) 였는데요. 특히 팀 카이스트는 대회에서 우승하며 큰 성과를 거두었습니다.

　대회에 참가한 로봇은 인간의 모습을 닮은 휴머노이드 형태의 로봇이 대다수였습니다. 벽 뚫기, 사다리 오르기, 자동차 운전 등 정교한 작업을 요구하는 대회의 규정 때문에 휴머노이드 로봇이 가장 적합하다고 판단했기 때문입니다. 하지만 같은 형태의 로봇이라도 구조적 요소와 구동 방식에 차이가 있었습니다. 각 로봇에 적용된 기술과 특징에 대해서 알아봅시다.

● 보행 방식

　대회에 참가한 로봇들은 2족 보행을 하거나 바퀴를 사용하여 이동성을 극대화한 두 형태로 나뉘었습니다. 최종 결과를 받은 23개의 팀 중

16개 팀이 2족 보행을 선택했고, 7개 팀이 바퀴를 이용한 이동을 선택했지요. 여기서 상위 5개의 팀 중 팀 카이스트를 포함한 4개 팀이 바퀴를 이용한 이동을 선택했습니다. 바퀴를 이용한 이동이 대회에서 좋은 기록을 보인 이유는 무엇일까요?

첫째, 과제와 과제 사이의 이동 시간 혹은 과제 중 이동 시간을 단축하는 데 바퀴가 유리합니다. 4개의 바퀴로 이동한 팀 님브로 레스큐Team Nimbro Rescue 의 로봇 모마로Momaro(4위) 의 경우 7개의 과제를 수행하는 데 이동 시간은 단 8분 15초에 불과했습니다.

둘째, 2족 보행 로봇은 불균일한 지형에서 안정적으로 보행하는 것이 어렵습니다. 2족 보행 로봇을 내보낸 팀 중 2개 팀을 제외한 모든 로봇이 넘어졌지요. 특히 2족 보행 중 넘어진 후 상태를 회복하여 과제를 계속 수행한 로봇은 단 4개 팀밖에 되지 않았는데, 그중 스스로 일어난 로봇은 단 한 팀도 없었습니다. 반면 바퀴를 이용해서 이동한 로봇들은 이동 중 네 차례 균형을 잃기도 했지만, 그중 세 차례는 사람의 개입 없이 로봇 혼자서 자세를 되찾은 뒤 과제를 원활히 수행했습니다.

바퀴를 이용해 이동한 팀 님브로 레스큐의 모마로

● 센서

재난 대응 로봇에는 공통적으로 두 가지 센서가 사용되는데 그중 하나는 관성 측정 장치 Inertial Measurement Unit, IMU 입니다. IMU는 관성을 측정하여 균형을 잡아 로봇이 쓰러지지 않도록 해 주는 센서인데요. 가속도 센서, 자이로 센서, 자기장 센서로 이루어져 있습니다. 대회에 참가한 모든 로봇들은 쓰러지지 않기 위해 IMU가 본체에 장착되어 있었습니다.

다른 하나는 힘 force 과 회전관성 torque 을 모두 측정하는 F/T 센서입니다. F/T 센서는 로봇의 양쪽 발에 달려서 발에 실리는 힘과 발이 움직이는 각도를 실시간으로 측정합니다. 로봇을 조작하는 사람은 이 데이터를 바탕으로 로봇이 지형에 따라 효율적으로 움직일 수 있게 조종하지요.

● 제어/인식 시스템

다르파 로보틱스 챌린지에 참여한 한 교수는 대회 후 "완벽하지 않은 로봇의 자동 제어는 사람에 의한 수동 제어보다 훨씬 못하다"라고 말했습니다. 그만큼 로봇에게 제어가 중요하다는 말입니다.

실제로 대부분의 팀들은 완벽한 과제 성공을 위해 자동 제어와 수동 제어를 혼합해서 사용했습니다. 특히 조작자, 즉 사람이 효율적으로 개입할 수 있도록 주요 과제 내에서 여러 가지 하위 과제를 나누어 제어하는 방식을 선택했습니다.

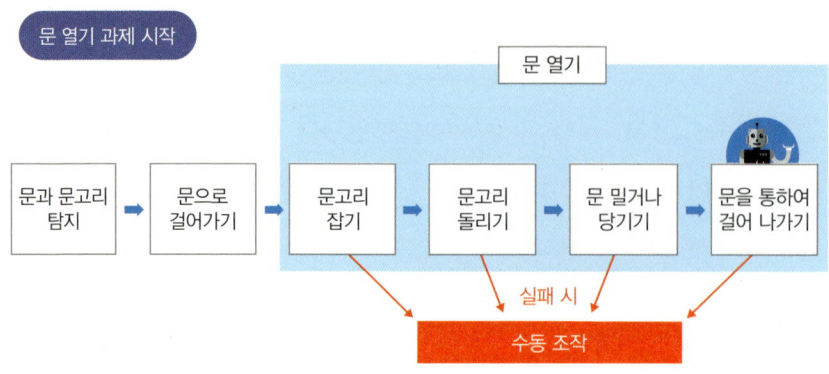

문 열기 과제에서 로봇의 제어/인식

　위 그림은 다르파 로보틱스 챌린지에 참여한 한 팀이 문 열기 과제에서 사용한 제어/인식 방법입니다. 과제를 시작한 뒤 자동으로 문고리를 인식하는 단계부터 문을 통과하고 걸어 나가는 단계까지 세부적으로 나뉘어 있습니다. 여기서 모든 제어는 기본적으로 자동으로 이루어지지만 자동 제어/인식이 제대로 되는지 실시간으로 검토하고 확인할 수 있도록 하위 조작을 구분했습니다. 만약 어떤 하위 과제에서 제어가 실패한다면, 조작자가 개입하여 그 과제는 수동으로 제어한 후 다음 하위 과제로 넘어갈 수 있도록 제작한 것입니다. 그래서 문 열기라는 주요 과제를 문고리 잡기, 문고리 돌리기, 문을 밀거나 당기기, 걸어 나가기와 같은 하위 미션으로 나누고, 각 하위 과제가 성공할 때만 다음 하위 과제로 넘어가도록 했습니다.

액추에이터의 종류, 링크와 조인트의 결합 방식과 같은 기계적 요소부터 모델링 방법까지 다양한 형태의 재난 대응 로봇이 이 대회에 참가했습니다. 물론 대회에 참가한 로봇들은 아직 실제 재난 상황에 투입되기에 무리가 있었습니다. 하지만 이 대회를 통해 재난 대응 로봇의 가능성을 기대할 수 있었으며, 몇몇 문제만 해결된다면 재난 대응 로봇이 곧 재난 현장에서 활약하는 모습을 볼 수 있을 것이라 예상합니다.

재난 대응 로봇, 누가 누가 잘하나

다르파 로보딕스 챌린지에서 3위를 한 침프 Chimp 는 미국 카네기 멜런 대학교 국립 로보틱스 기술센터가 개발한 로봇입니다. 카네기 멜런 대학교는 산업용 로봇 분야에서 명성을 떨치고 있었는데, 실제로 대회에 출전한 로봇 침프 역시 크고 튼튼한 산업용 로봇의 면모를 지니고 있었습니다. 침프는 강한 힘을 자랑하며 팔다리에 장착된 무한궤도를 이용해 안정적으로 임무를 수행했어요. 하지만 계단 오르기나 자동차 운전 등의 고난도 과제에서는 약점을 보였습니다.

나사 NASA 의 제트 추진 연구소 JPL 는 새로운 신형 로봇인 로보시미안 Robosimian 을 들고 나왔습니다. 팀 JPL은 화성 탐사 로봇 큐리오시티 Curiosity 를 만든 곳으로 유명합니다. 로보시미안은 팔다리를 모두 서로 바꾸어 가며 쓸 수 있어 마치 원숭이처럼 보이는 변형 로봇입니다. 이 로봇은 실제로 전 종목에서 고른 점수를 받았지만 개발한 지 얼마 되지 않아 아직 완성도를 높이지 못해 다소 불안정한 모습도 보였으며, 5위라는 성적을 거뒀습니다.

4장 '쇼 미 더 로봇'에서도 나온 팀 IHMC의 아틀라스는 보스턴 다이내믹스사가 심혈을 기울여 만든 로봇입니다. 유압식[2] 구동장치로 움직이는 대형 인간형 로봇으로, 성능 면에서는 나무랄 데가 없었지요. 하지만 다르파 로보틱스 챌린지에서는 본래 성능을 100% 살려 내지 못해 2위에 그쳤습니다. 만약 로봇의 성능이 100% 발휘되었다면 팀 IHMC가 우승했을지도 모릅니다.

> **2 유압식**
> 기름이 담긴 기계가 압축되었다가 다시 밀어 올리는 힘으로 기계를 작동하거나 제어하는 방식.

팔다리를 서로 바꾸어 가며 쓸 수 있는 로보시미안

ⓒ flickr_John Beck

다르파 로보틱스 챌린지에서 우수한 성적을 거둔 침프(왼쪽)와 아틀라스(오른쪽)
ⓒ flickr_Office of Naval Research(오른쪽)

카이스트 휴보의 성공

 카이스트에서 제작한 로봇 휴보는 다르파 로보틱스 챌린지에서 로봇 강국 일본과 미국을 제치고 당당하게 최종 우승을 차지했습니다. 앞서 치렀던 1차 결선에서 부진한 성적을 거둔 휴보였기에 사람들은 모두 의외의 결과라며 놀랐지요. 이후 휴보는 언론의 주목을 받았고, 휴보의 아버지라 불리는 오준호 교수는 우승의 비결로 휴보만의 독보적인 기술 두 가지를 꼽았습니다.

 첫째, 기본적으로 2족 보행을 하지만 무릎에 바퀴가 있어 앉은 자세로 안정적인 이동이 가능한 트랜스포머 같은 로봇이라는 점입니다. 후쿠시마 원전 사고 현장이나 화성과 같이 사람이 쉽게 접근할 수 없는 환경에 가장 적합한 로봇의 형태가 2족 보행 휴머노이드 로봇이기 때문에 대부분의 팀은 2족 보행을 선택했습니다. 하지만 2족 보행 로봇은 센서에 매우 의존적이어서 불안 요소가 많습니다. 대회에 참가한 2족 보행 로봇이 많이 넘어진 이유도 그 때문이지요. 하지만 휴보는 두 발로 걷다가 상황에 따라 바퀴로 이동하는 형태로 바꾸어 모든 과제를 안정적으로 수행할 수 있었습니다.

 둘째, 센서 기술, 제어 기술, 통신 기술 등 모든 기술이 잘 융합되어 적절히 전략적으로 사용되었다는 점입니다. 이런 이유로 휴보는 다른 팀들보다 돌발 과제를 잘 수행했습니다. 돌발 과제는 미리 알려 주지 않은 상황에 대처하는 능력을 평가하기 때문에 로봇을 구동하는 제어실[3]에서 실제 로봇이 움직이는 환경을 잘 파악하고 있는지가 매우 중요합니다. 로봇의 센서를 활용하여 로봇이 움직이는 환경을 정확하게 측정한 뒤 데이터를 수집하면, 제어실에서 이를 분석하여 로봇이 해당 환경에서 잘 움직일 수 있도록 만들어 주어야 하기 때문입니다. 휴보는 모든 기술이 잘 융합된 우수한 소프트웨어와 많은 연습 덕분에 어떤 돌발 상황에서도 뛰어나게 대처하는 모습을 보였습니다.

3 제어실
로봇을 원거리에서 제어하는 장소.

로봇을 구동하는 제어실의 모습

다르파 로보틱스 챌린지에서 당당히 우승을 차지한 팀 카이스트의 휴보

쇼 미 더 로봇

화산 폭발 현장에서
살아남아 사람을 구조할 로봇

인도네시아 휴양지 발리섬에 위치한 아궁산은 높이 3,142m에 달하는 활화산입니다. 지난 2017년 11월, 아궁산은 연기를 뿜어내며 용암 및 화산재가 섞인 흙과 모래를 분출했는데요. 이때 인도네시아는 화산 폭발 위험 단계를 최고 수준으로 격상했고, 롬복 국제공항과 응우라라이 국제공항을 잠정 폐쇄했습니다. 이로 인해 6만 명에 가까운

2017년 11월, 아궁산 폭발

관광객들은 발이 묶이는 상황이 발생했지요. 뿐만 아니라 반경 10km 내에 거주하는 10만여 명의 주민들에게 대피를 권고했습니다. 아궁산은 1963년에도 폭발한 적이 있는데, 당시 1,100여 명이 목숨을 잃을 정도였습니다. 이후 50여 년간 대규모 화산활동이 없다가 2017년 9월부터 분화 조짐을 보이기 시작한 것입니다.

로봇공학자들은 다시 화산이 폭발할 것을 대비하여 화산에서 생존 가능한 로봇을 제작하기로 했습니다. 로봇이 화산 폭발 상황에서 사람을 구조하려면 어떤 환경을 반드시 헤쳐 나가야 할까요? 또 이런 환경을 극복하기 위해 로봇에게는 어떤 기능이 필요할까요?

화산 폭발과 같은 긴급한 상황에서 사람을 구조하려면 산속에서도 빠른 속도로 이동이 가능한 로봇 다리가 필요할 것입니다. 부상당한 사람을 구조하거나 잔해물을 치우는 등의 작업을 위해 큰 힘을 낼 수 있는 로봇 팔도 필요하겠지요. 또 화산이 폭발하여 화산재로 앞이 잘 보이지 않는 상황에서 앞을 볼 수 있는 시각 센서, 고온에서도 작동 가능한 컴퓨터와 제어기도 필요할 것입니다.

보행 로봇은 어디까지 개발되었을까?

　보행 로봇 기술의 선두 주자는 단연 미국의 보스턴 다이내믹스사입니다. 최첨단 로봇 디자인, 로봇 제어 기술을 연구하며 보행 로봇 개발에 주력하는 기업이지요.

　아시모와 같은 이전의 보행 로봇들은 평지에서 미리 프로그래밍된대로 움직이는 것만 가능했습니다. 하지만 보스턴 다이내믹스사에서 개발한 보행 로봇은 지형이 변하거나 외부 충격을 받았을 때에도 능동적으로 반응하여 균형을 잡고 보행할 수 있습니다.

　보스턴 다이내믹스사와 그 외 다른 기업에서 개발한 보행 로봇들을 살펴보며 최신 보행 로봇 기술이 어디까지 진보했는지 알아봅시다.

● 군사용 4족 보행 로봇, 빅 독과 LS3

　빅 독Big Dog은 보스턴 다이내믹스사와 하버드 대학교에서 공동으로 개발한 4족 보행 로봇입니다. 높이 0.91m, 길이 0.76m이며, 무게는 110kg인 큰 로봇이지요. 빅 독은 험난한 지형을 달릴 때 시속 6.4km까지 속도를 낼 수 있으며, 최고 150kg 정도 되는 짐을 옮길 수 있습니다. 또 군사용 로봇으로서 필요시 병사들을 효과적으로 지원하기 위해 40km 정도의 작전반경4을 가집니다. 따라서 충전에 많은 시간이 걸리는 배터리보다 에너지 밀도

> **4 작전반경**
> 군함이나 항공기 등이 기지를 떠나 연료의 보급 없이 임무를 수행하고 다시 돌아올 수 있는 최대 거리.

가 높고 큰 출력을 낼 수 있는 가솔린 엔진을 사용하고 있습니다.

빅 독은 차량이 다니기 어려운 험지나 위험 지역에 물자를 수송하기 위해 개발되었습니다. 자세 제어도 탁월해서 사람이 밀어도 중심을 잡을 수 있습니다. 심지어 빙판길에 미끄러져도 스스로 균형을 잡고 일어설 수 있고 점프까지 가능합니다.

한편 빅 독의 개량형으로 개발된 4족 보행 로봇 LS3는 빅 독에 비해 소음이 많이 줄고 크기도 커졌습니다. 들 수 있는 무게도 최대 180kg까지 늘었지요. 게다가 센서를 기반으로 한 컴퓨터 프로그램을 통해 자동으로 작동해서 유인 운전사가 필요하지 않습니다. 음성 인식 기능 역시 탑재되어 명령을 알아들을 수도 있습니다.

LS3는 2012년부터 약 2년간 실전 테스트를 거쳤으며, 개발 과정에서 다르파와 미국 해병대의 재정 지원을 받았습니다.

● 가장 최신의 2족 보행 로봇, 아틀라스

다르파 로보틱스 챌린지에서 우수한 성적을 거둔 아틀라스도 지지대 없이 완전 자율로 직립 2족 보행이 가능한 인간형 로봇입니다. 복잡한 지형에서도 자동으로 자세를 유지하며, 경로를 설정하여 보행이 가능하고, 두 팔로 주위 환경을 조작하는 것은 물론 넘어져도 직접 일어날 수 있습니다. 게다가 두 팔로 물체를 들어 올리고, 심지어 공중제비도 돌 수 있습니다. 인간의 운동 능력을 모사하는 것을 넘어 인간도 하기 힘든 운동 동작을 할 수 있다는 것이 더욱 놀라운 점입니다.

● 바퀴를 장착한 2족 변형 로봇, 핸들

2017년, 보스턴 다이내믹스사는 다리에 바퀴를 단 새로운 로봇 핸들Handle을 공개했습니다. 핸들은 바퀴의 장점과 2족의 장점을 결합시킨 로봇인데요. 평지에서 이동할 때 속도를 매우 빠르게 증가시키고 방향 전환을 쉽게 하는 등 기존의 2족 보행 로봇보다 빠르고 정확한 움직임을 보여 줍니다. 게다가 물건을 잡으면서도 쓰러지지 않는 것은 물론 험지 이동과 점프도 가능합니다. 제어공학의 진수를 보여 주는 로봇이지요.

● 사람보다 잘 걷는 로봇의 개발

일본 소프트뱅크사의 자회사인 샤프트사에서는 기존의 다리 모양을 따르지 않고 새로운 형태의 다리 모양을 가진 2족 보행 로봇을 개발했습니다. 아직 이름이 없는 이 로봇은 모래사장은 물론 자갈밭, 눈길, 비탈, 계단 등 사람도 걷기 어려운 여러 지형에서 균형을 잃지 않고 걷는 능력을 보여 줍니다. 원통형 파이프를 밟고서도 넘어지지 않고 잘 대처하며 울퉁불퉁한 지형에서 무거운 짐을 들고 운반하기도 합니다. 이 로봇이 들 수 있는 짐의 무게는 최대 60kg이며, '저비용 저전력의 소형 도우미 로봇'이 이 로봇의 개발 방향이라고 합니다.

다리에 바퀴를 단 로봇, 핸들

© flickr_Victor Gonzalez Couso

왜 시뮬레이션을 해야 할까?

로봇에서 가장 중요한 것은 무엇일까요? 바로 로봇 제어의 중추[5] 역할을 하는 '소프트웨어'입니다. 몸체_{하드웨어}가 아무리 뛰어나도 그것을 구동하는 중추_{소프트웨어}가 제대로 작동하지 않으면 로봇은 쉽게 움직일 수 없습니다. 보행 도중 장애물을 만났을 때 넘어지지 않고 걷도록 하는 것, 넘어졌더라도 다시 일어나도록 하는 것 역시 훌륭한 소프트웨어가 있어야 가능한 일입니다.

로봇공학자들은 로봇 제작을 위한 작업을 할 때 대부분 컴퓨터 소프트웨어를 이용합니다. 로봇 모델링부터 시뮬레이션, 구동, 제어까지 소프트웨어 없이는 모든 것이 불가능하지요. 이 중 시뮬레이션을 굳이 해야 할까 생각할 수도 있겠지만, 시뮬레이션은 로봇을 만들 때 반드시 필요한 과정입니다. 로봇이 실제로 작업을 수행할 수 있을지 가상으로 시험해 보아야 하기 때문입니다. 그렇다면 로봇 제작자들은 시뮬레이션을 할 때 어떤 컴퓨터 프로그램을 사용할까요?

시뮬레이션을 도와주는 컴퓨터 시뮬레이터는 활용 목적뿐만 아니라 활용 환경, 사용 언어 등 여러 조건에 따라 수많은 종류로 구분됩니다. 시중에 나와 있는 제품만 해도 수십 가지가 넘는데요. 그중 가장 대표적인 시뮬레이터는 V-REP입니다.

5 중추
사물의 중심 역할을 하는 부분.

6 프로그래밍 언어
컴퓨터 시스템을 구동시키기 위한 소프트웨어 작성 언어.

V-REP 프로그램은 각각의 모델을 하나의 환경에서 개별적으로 제어 가능한 제어 코드를 적용시킬 수 있습니다. 또 C/C++, 파이썬Python, 자바Java, 루아Lua 등 다양한 프로그래밍 언어[6]나 매트랩Matlab, 로봇 운영체제Robot Operating System, ROS 등 개발 환경을 지원하며, 윈도우Windows에서도 접근이 쉽습니다. 뿐만 아니라 작동법도 비교적 쉬우며, 무료라는 점이 이 프로그램의 가장 큰 장점입니다.

또 V-REP 프로그램은 시뮬레이터에서 직접 제어가 가능한 휴머노이드, 아스티Asti 로봇 이외에도 다양한 매니퓰레이터 로봇, 모바일 로봇 모델을 제공하고 있어 로봇을 직접 제작하기 전 3D로 설계하거나 제작된 로봇에 미리 컴퓨터로 제어 명령을 입력하여 제어 명령에 잘못된 점은 없는지 점검할 수 있습니다.

이 프로그램을 통해 시뮬레이션을 하면 어떤 장점이 있을까요? 실제 로봇으로 실험을 하면 로봇이 넘어져 망가지는 등 뜻하지 않은 상황이 발생할 수 있는데, 시뮬레이터에서는 시뮬레이션을 재시작리셋하면 됩니다. 비용과 시간을 절약할 수 있어 개발자들에게 큰 도움이 되지요. 이처럼 시뮬레이터는 로봇 개발에서 없어서는 안 될 매우 강력한 도구입니다.

생각 더하기

나도 이제 로봇공학자!

 영화에나 등장할 것 같았던 로봇은 어느새 우리 생활 곳곳에서 우리와 함께하고 있습니다. 로봇 청소기가 집을 청소하고, 로봇 바리스타가 커피를 만들며, 공항에서 로봇이 안내를 해 주기도 하지요. 뿐만 아니라 병원에서는 로봇이 의사를 대신해 수술도 합니다. 아마 곧 로봇은 사람이 하지 못하는 어려운 일을 대신해 주거나, 친구처럼 감정을 교류하며 아이들을 보살펴 주는 일까지 할 수도 있습니다. 로봇 기술이 그만큼 빨리 발전하고 있기 때문입니다.

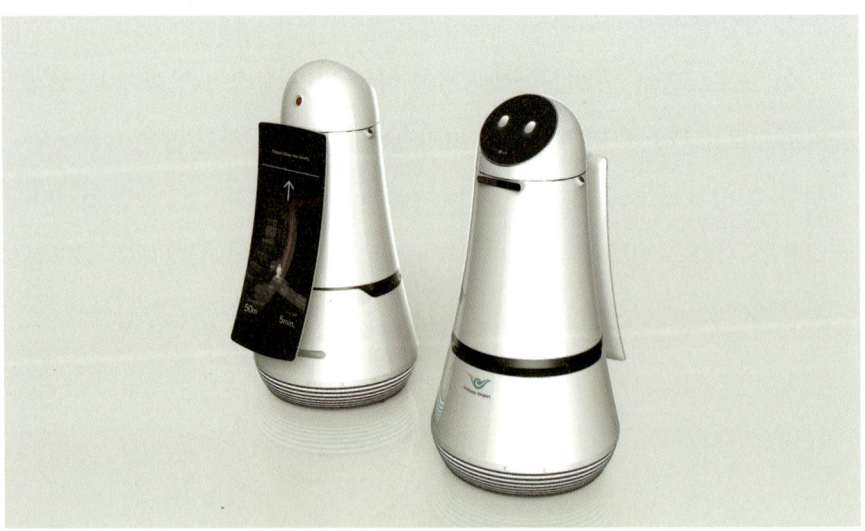

공항에서 사람 대신 안내해 주는 로봇

ⓒ flickr_Noguchi & Peters Kft.

이 책에서 우리는 로봇공학과 관련된 다양한 분야를 살펴보았습니다. 특히 로봇의 움직임과 관련된 물리학적·수학적·생물학적·공학적 측면들을 자세히 살펴보았습니다. 로봇공학에는 이 책에서 다룬 것 외에도 로봇이 보고 듣고 느낄 수 있도록 해 주는 센싱sensing 기술, 사람의 음성, 표정 등으로 감정과 생각을 파악해서 사람과 교감할 수 있게 하는 상호작용human-robot interaction 기술, 로봇이 위치를 파악하고 경로를 설정하여 정교하게 이동할 수 있도록 하는 주행navigation 기술 등 다양한 분야가 있습니다. 이러한 로봇공학의 최종 목적은 인간을 닮은 '휴머노이드 로봇'을 만들어 우리 생활을 더욱 편리하고 안전하게 하는 것입니다.

로봇공학자는 우리 주변에서 로봇의 도움이 필요한 상황을 파악하고 어떠한 기술을 적용해서 로봇을 구현할지 끊임없이 생각하는 것이 중요합니다. 주변 환경과 사람들을 살펴본 뒤 로봇을 어떻게 활용해야 우리의 삶이 보다 나아질지 생각해 봅시다.

Q1 우리 일상이 좀 더 편리해지려면 어떤 로봇이 필요할까요? 이 책에서 학습한 내용을 떠올리며 구체적으로 생각해 봅시다.

Q2 자신이 생각한 로봇이 가져야 할 특징과 기능은 무엇인가요?

Q3 자신이 생각한 로봇을 구현하기 위해서는 어떤 기술들이 적용돼야 할까요?

세상에서 가장 빠른 로봇을 만든 **로봇 박사 이야기**

재난 현장에 등장할 암스트롱 로봇

달리는 로봇의 기술을 원자력 사고 대응 로봇에 적용하다

박종원 박사는 원자력 사고가 났을 때 사람을 대신해서 위험한 일을 해 줄 수 있는 로봇 암스트롱^{Accident Response Manipulator, ARMstrong}을 개발 중입니다. 암스트롱은 과거 체르노빌 원전 사고나 후쿠시마 원전 사고와 같은 고방사선 원전 사고가 발생했을 때 방사선 잔해물 처리, 위험 물질 운송, 인명 구조 등에 활용될 것으로 기대되고 있습니다. 뿐만 아니라 노후화된 원자력 발전소의 해체 작업에도 유용하리라 예상합니다.

암스트롱의 개발에는 랩터를 개발할 때 쓰인 기술이 많이 적용되고 있습니다. 특히 랩터의 센서 및 제어 기술을 적용하여 암스트롱이 스스로 균형을 잡고, 섬세한 손동작을 할 수 있도록 했습니다. 게다가 로봇을 손쉽게 조작하기 위해 사람의 골격 구조와 근육의 움직임을 고려해서 만든 외골격 슈트, 빠른 속도로 이동하고 잔해물 속에서도 효과적으로 움직이기 위해 로봇 이동체에 최적화된 설계 기술, 가상의 사고 상황에서 로봇을 시험해 볼 수 있는 시뮬레이션 기술도 적용되었습니다.

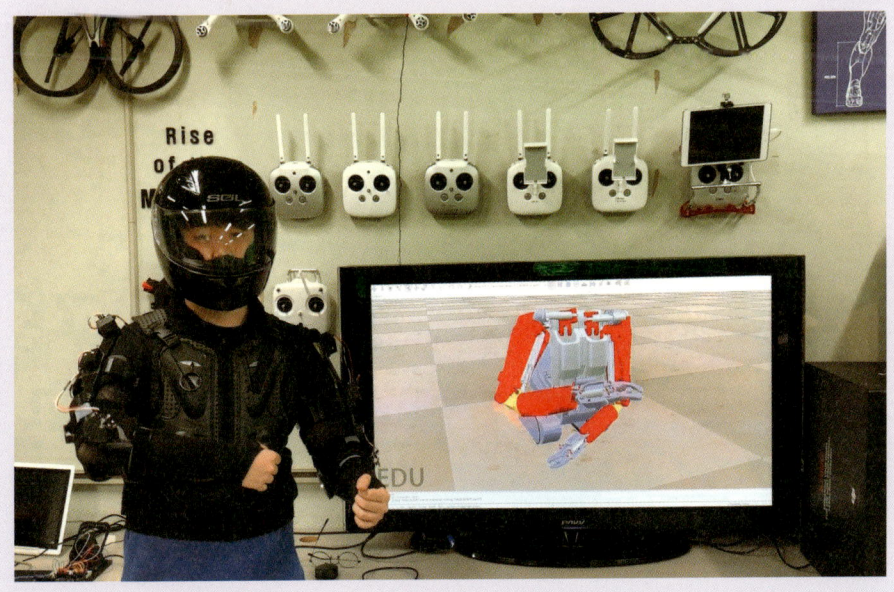

암스트롱 로봇 개발 과정

개념 쏙쏙! 중요 용어 한눈에 보기

IMU 센서
관성을 측정하여 균형을 잡아 로봇이 쓰러지지 않게 해 주는 센서입니다.

F/T 센서
힘과 회전관성을 모두 측정해 주는 센서입니다.

다르파 로보틱스 챌린지
세계 재난 로봇 경진대회라고도 불리는 이 대회는 세계 7개국에서 25개의 팀이 참가하여 재난 상황에 해결해야 할 과제들을 수행한 대회입니다.

인명 구조 능력
재난 상황에서 탈출하지 못했거나 혹은 재난으로 부상당해 움직이지 못하는 사람을 구조대원이 접근할 수 있는 안전한 장소까지 이동하도록 도와주는 능력으로 재난 대응 로봇에게 가장 중요한 능력입니다.

자동 제어
물체, 기계, 장치의 상태 변화를 감지하고 자동으로 제어하여 사람의 개입 없이 작업을 수행하는 것을 말합니다.

장비 조작 능력
사람이 접근하지 못하는 구역에서 세밀하게 장비를 조작해 재난 상황에 대처하는 능력입니다.

장애물 처리 능력
사람이 다가가기 힘든 환경을 변화시켜 접근하기 쉽게 만들어 줌으로써 보다 빠른 재난 대응을 할 수 있도록 해 주는 능력입니다.

재난 대응 로봇
사람이 접근할 수 없는 지진, 해일과 같은 극한의 재난 상황에서 사람을 대신해 재산, 인명 피해를 줄이기 위한 대응을 할 수 있는 로봇입니다.

사진 출처

p.16~17	에니악	ⓒ flickr_alerost
	유니메이트	ⓒ flickr_synabreu
	T3	ⓒ Cincinnati Milacron
	센토	ⓒ 한국과학기술연구원(KIST)
	아이보	ⓒ flickr_Daniel Lehtovirta
	에버	ⓒ flickr_Tecnoetica
	키봇	ⓒ All Things Digital